U0024099

催收達人の私房書 V

工程業常用文書
143例及案件簡介

呂元璋◎著

謹將此書獻給　先父呂文冠先生（河南舞陽人，民國 17～66），願先父在天之靈能獲得永遠的平靜

序言

　　這本書的誕生要感謝遠拓法律事務所余文恭律師邀請筆者對該事務所律師、助理以及工程業者作一場講座，余律師特別提及希望本人針對工程業界常用往來的一些書函、文書，因為這些東西才是最實務的而且最契合工程業界的需求，在講座現場的回應也讓筆者十分驚喜，表示筆者當初摸著石頭過河所得到一些小小的心得，對於需要的人來說很可能來講的是很珍貴的，因此促成了我將講座的內容作了少許補強。

　　而且因為懂工程的通常不太懂法律，而懂法律的又通常不太懂工程，所以有時涉及到兼涉到工程與法律的問題時，公司的規矩是要會簽法務，但是許多問題你不能說我不懂，而市面上又沒有相關的工具書，有的時候只好找人一面問一面學，免得簽的意見讓人家說：原來你什麼都不懂！

　　工程業除非是大型以上的營造廠，否則通常不會配置有法務人員，筆者剛到榮電公司任職時赫然發現該公司雖然營業三十多年但是一直沒有法務人員，雖然該公司工程糾紛不斷但是由於其一直都採行訴訟案件委外給律師處理的型態，導致即令律師發覺作業流程的某個環節其實是不妥善的，但是律師只能從案件中知悉某種不完善的地方，但是由於可能無法深入瞭解整個作業系統或流程，因此也只能在訴訟上爭取最大的權益，但是對如何從根本上開始防堵、甚或改善流程，可能都力有未逮。

　　本書的完成特別要感謝台北科技大學謝景松教授，他是筆者在工程法律的領門人，當第一次看到那麼厚的合約書時，差點沒暈過去！

　　這本書的出版要感謝榮電公司葉董事長茂益、許總經理金和、馮經理得富、謝經理兆棟、葉組長珊珊、楊組長麗蓉、王組長文心、劉主任東啓、譚稽核貽維；電力事業群李執行長葉輝、蘇經理彩玉、朱經理裕成；機電事業群鄭執行長長興、王經理欽能、和經理佑恩、陳副理立航、黃副理兩立、徐組長揚鈞、林組長秉立、范副組長建民；電腦群葉執行長建華、梁協理肇仁、蔣組長偉莉；李前董事長豐池、韋前董事長大雄、謝前總經理維錦、董前經理憲明等人，容許敝人一路跌跌撞撞的摸著石頭過河。

　　另要感謝法學先進本公司董事呂嘉凱（行政院退輔會秘書長）對筆者的提攜與指導及李學長文良的多所包容及鼓勵。

　　要特別感謝吳律師永發及黃律師廷維二位學長所帶領的永發聯合律師事務所全體同仁在百忙中撥冗幫忙校對稿件，謹致謝忱。

　　讀者如認本書的案例足供參考或是有心得想分享的，筆者的電子信箱是：alouamc@yahoo.com.tw，歡迎不吝賜教。

目次

contents

一、常用文書類

二、常用書函類

三、法務常用書狀篇

四、法務訓練資料

五、工程案例簡介

簡易徵信及應收帳款管理的心法

一、預防重於治療

案例一：

　　○公司因工程需要先行預支下包 A 承商工程預付款○千萬元，由該下包承商邀集另家 B 廠商作為連帶保證廠商，並共同簽立大本票作為擔保，該下包 A 承商領取預支款項後即倒閉。當○公司開始追索之時，赫然發現 B 廠商簽立於本票上之印章與其印鑑不符。

案例二：

　　公司分包工程時下包 A 承商邀集另家 B 廠商共同簽立意向書表示願意承攬該工程，但事後又拒不進行簽約程序，導致○公司重新發包後損失○千萬元。○公司訴追後，因 A 承商業已倒閉、B 公司仍繼續營業中，A 承商負責人遂於庭上自認 B 公司印章係其盜刻。

二、定期檢視

案例一：

　　公司其對於其相關往來廠商都會要求定期檢視其最新資料，後於定期檢視時發現 A 廠商業已更換負責人及搬遷原往來時登記地址，迅即通報業務人員前往該公司進行訪視。

案例二：

　　公司接獲存證信函略謂：其下包 A 承商以將其債權讓與給

B 公司，○公司迅即向票據交換所查詢公司票據信用，赫然發現 A 公司已跳票 3 張。

三、危機就是轉機
案例一：

　　○公司其往來廠商 A 公司傳出財務不穩傳言，經調查銀行已紛紛採取假扣押該公司資產方式，因為○公司在往來之前已調查 A 公司出貨給 B、C 公司等高爾夫球具大廠，因此○公司即鎖定確保債權之策略為：向 A 公司要求徵提對 B、C 公司之應收帳款債權讓與給○公司，作為加強擔保品。

案例二：

　　公司下游承商 A 公司發生違約情事，業務人員迅即前往拜訪，發現該公司另積欠地下錢莊款項，即要求 A 公司將○公司存貨交還，透過談判至晚上十點，於未驚動地下錢莊情形下，順利將 A 公司存貨取回。

四、ASAP（As soon as possible）
案例一：

　　公司其往來廠商 A 公司發生違約情事，經調查 A 公司出貨給家樂福、萬客隆等大型通路，○公司隨即針對家樂福之應收帳款債權進行假扣押，並於取得執行名義後隨即向法院聲請強制執行。

案例二：

　　公司其往來廠商 A 公司發生違約情事，業務人員迅即前往拜訪，拜訪時原經辦人員均請假或不在場，其現場人員表示已洽新金主入股云云，三天再次拜訪時後，該公司搬遷一空。

一、常用文書類

1. 人事勞資類常用文書

1-1 員工受訓切結書

員工受訓切結書

受訓內容：
（一）課程名稱：＿＿＿＿＿＿＿＿＿＿

（二）受訓費用（含差旅費⋯⋯等）：＿＿＿＿＿＿＿元

（三）時間：＿＿＿＿＿～＿＿＿＿＿＿

（四）訓練單位：＿＿＿＿＿＿＿＿＿

立切結書人茲切結遵守下列約定：

一、受訓完成後如半年內離職者，需全額退還訓練費用；一年內離職者，需退還 50%。

二、受訓目的係取得專業證照者，如半年內取得證照者，可獲全額補助；如一年取得證照者，可獲半額補助。

三、如因公司指派受訓，費用由公司支付並取得證照者，其證照需無條件供公司使用二年。

四、受訓人員結業後應配合公司需要回授公司同仁。

　　此　致
○○股份有限公司

　　　　　　　立切結書人：
　　　　　　　單　　位：

中　華　民　國　　　　年　　　　月　　　　日

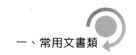

1-2 領取團保理賠切結書

領取團保理賠切結書

　　○○人壽保險股份有限公司所給付團體保險理賠金業經立切結書人領收完畢。

　　立切結書人知悉前開理賠金係為○○股份有限公司之員工福利，並同意前開理賠金部分抵充薪資補償或損害賠償；立切結書人保證並切結不得就該部分再為任何請求。恐口無憑，特立此書為證。

　　此　　致
○○股份有限公司

　　　　　　　　　　立切結書人：
　　　　　　　　　　身份證字號：
　　　　　　　　　　地　　　址：

中　華　民　國　　　　　年　　　　月　　　　日

21

1-3 出席勞資會議委任書

出席勞資會議委任書

　　立委任書人○○股份有限公司（統一編號：1402XXXX）因公務繁忙，不克出席貴協會所舉行予本公司前員工 XXX 間勞資爭議調處會議，特委任本公司員工○○○先生（身份證字號：Y12028XXXX）為代表出席，所為之會議決議對本公司有一切之效力。

　　此　　致
台北縣勞資協調發展協會

委　任　人：○○股份有限公司
統 一 編 號：1402XXXX

受　任　人：○○○○
身份證字號：Y12028XXXX

中　華　民　國　　　　　年　　　　　月　　　　　日

1-4 和解書

和解書

立和解書人： ○○○女士（以下簡稱甲方）
　　　　　　○○股份有限公司（以下簡稱乙方）

　　甲方茲聲明確係有○○○先生所有遺屬之合法授權，有簽立本和解書之一切權限。如有不實，願負法律責任。

　　甲、乙雙方針對○○○先生於○○年○月○日因路基塌陷導致車輛撞擊傷亡乙事，雙方達成和解條件如下：

一、乙方願支付甲方新台幣○萬元慰問金，甲方針對○○○先生意外死亡乙事拋棄對乙方一切民、刑事案件請求之權利。

二、前開慰問金業於簽立本和解書時，交付甲方收訖無誤。

三、本和解書一式二份，甲、乙雙方各執一份。

立和解書人：○○○女士
身分證字號：A12345XXXX
地　　　址：○○市○○路○號○樓
立和解書人：○○股份有限公司
代　理　人：○　○　○

中　華　民　國　　　　年　　　　月　　　　日

1-5 勞資爭議和解書

勞資爭議和解書

立書人：○○○（以下簡稱甲方）

立書人：○○股份有限公司（以下簡稱乙方）

　　茲因甲乙雙方針對○○縣政府勞資爭議調解委員會勞局調字第○號勞資爭議調解案件，達成協議如下：

一、乙方同意給付甲方和解金 NT＄＿＿＿＿＿＿。

二、前開金額請匯入甲方＿＿＿＿銀行帳號＿＿＿＿＿＿。

三、雙方願放棄對本案所有法律上及其他追訴權。

四、雙方同意就前開和解條件信守保密義務。

立　書　人：○　○　○

身份證字號：

住　　　址：

立　書　人：○○股份有限公司

法定代理人：○○○

住　　　址：○○市○○路○號○F

中　華　民　國　　　　　年　　　　月　　　　日

1-6 切結同意書

切結同意書

　　本人於○年○月○日在工地受傷造成手腳開放性骨折，因屬個人不小心所致，概與工務所與○○實業有限公司無關。

　　○○實業有限公司基於道義考量在住院治療期間予以協助且負擔所有醫療費用，並允諾出院後回診復健期間之醫療費用及生活費用均盡力協助負擔，本人不勝感激，且無任何要求。特立此切結同意書，以免口說無憑。

　　　　　　　　立　書　人：

　　　　　　　　身份證字號：

　　　　　　　　地　　　址：

中　華　民　國　　　　　年　　　　　月　　　　　日

1-7 人事保證書

人事保證書

　　茲保證＿＿＿＿＿＿服務於○○企業股份有限公司，在任職期間絕對遵守公司相關法令及規章，如有涉及一切民刑事責任損害公司權益之行為，保證人願放棄先訴抗辯權，並負完全賠償之責任，特立此書為憑。

此　致　○○企業股份有限公司

被　保　人：＿＿＿＿＿＿＿＿＿＿＿＿（親簽＆蓋章）

身份證字號：

住　　　址：

連帶保證人：＿＿＿＿＿＿＿＿＿＿＿＿（親簽＆蓋章）

身份證字號：

住　　　址：

連帶保證人：＿＿＿＿＿＿＿＿＿＿＿＿（親簽＆蓋章）

身份證字號：

住　　　址：

中　華　民　國　　　　　年　　　　月　　　　日

1-8 催告連保人存函

郵 局 存 證 信 函 用 紙

<table>
<tr><td rowspan="2">副 正
本</td><td rowspan="2">郵　局

存證信函第　　號</td><td>一、寄件人</td><td>姓名：○○股份有限公司　　　㊞
詳細地址：○○市○○路○號○F</td></tr>
<tr><td>二、收件人</td><td>姓名：○　○　○（連帶保證人）
詳細地址：○○市○○路○○號○樓</td></tr>
<tr><td></td><td>三、副　本
　　收件人</td><td>姓名：○　○　○（連帶保證人）
詳細地址：　○○市○○路○號○樓
（本欄姓名、地址不敷填寫時，請另紙聯記）</td></tr>
</table>

格 行	1	2	3	4	5	6	7	8	9	10	11	12	13	14	15	16	17	18	19	20
一	敬	啓	者	：																
二			台	端	爲	○	○	○	之	連	帶	保	證	人	，	並	簽	立	人	事
三	保	證	書	（	附	件	）	乙	紙	爲	證	，	現	因	○	○	○	○	疑	因	涉
四	及	○	○	情	事	，	本	公	司	將	對	其	提	出	求	償	，	合	先	敘
五	明	。																		
六			因	台	端	係	其	親	朋	好	友	且	爲	連	帶	保	證	人	，	現
七	以	此	函	催	告	台	端	儘	速	敦	促	○	○	○	出	面	解	決	，	俾
八	便	降	低	台	端	被	本	公	司	續	行	求	償	之	風	險	、	創	造	雙
九	贏	局	面	，	敬	祈	惠	予	協	助	，	以	免	訟	累	。				
十																				

本存證信函共　　頁，正本　　份，存證費　　元，
　　　　　　　　　　　副本　　份，存證費　　元，
　　　　　　　　　　　附件　　張，存證費　　元，
　　　　　　　　　　　加具副本　　份，存證費　　元，合計　　元。

黏	貼

經　　　郵局
　年　　月　　日證明正本內容完全相同　郵戳　經辦員　㊞
　　　　　　　　　　　　　副　　　　　　主管

郵　票　或
郵　資　券

備
註

一、存證信函需送交郵局辦理證明手續後始有效，自交寄之日起由郵局保存之副本，於三年期滿後銷燬之。
二、在　　頁　　行第　　格下塗改增刪　　字㊞（如有修改應填註本欄並蓋用　寄件人印章，但塗改增刪　每頁至多不得逾二十字）
三、每件一式三份，用不脫色筆或打字機複寫，或書寫後複印、影印，每格限書一字，色澤明顯、字跡端正。

處

騎縫郵戳　　　　　騎縫郵戳

27

1-9 離職切結書 1

切結書

　　立切結書人_____茲具結業已按「交接清冊」辦妥離職交接手續，且保證並無積欠電信或其他費用情事；日後如有費用未清情事，一經公司通知立書人保證立即清償。

　　此　致
○○股份有限公司

立切結書人：
身份證字號：
聯 絡 地 址：
聯 絡 電 話：

中 華 民 國　　　　年　　　　月　　　　日

移交人員：	監交人員：	部門主管：

1-10 離職切結書 2

離職切結書

　　立切結書人＿＿＿＿＿＿業已按「交接清冊」辦妥離職交接手續，茲切結保證事項如下：

一、所負責承辦業務（工程）均依相關規定辦理，日後如有承辦業務（工程）發生爭議，一經公司通知，立書人保證立即協助處理。

二、並無積欠電信或其他費用情事；日後如有費用未清，一經公司通知立書人保證立即清償。

三、立書人任職○○公司期間所知悉之相關文件、檔案資料，應與保管或使用自身資料採取相同之注意與措施，且不得洩漏或交付第三人其內容之全部或部分，並確實遵循營業秘密法等相關法令之規定。

　　此　　致
○○股份有限公司

　　　　　　　　立切結書人：
　　　　　　　　身份證字號：
　　　　　　　　聯 絡 地 址：

中 華 民 國　　　　　　年　　　　　月　　　　　日

1-11 離職切結書 3

離職切結書

　　立切結書人（以下簡稱立書人）＿＿＿＿＿業已按「交接清冊」辦妥離職交接手續，並已詳閱本切結書全文，茲切結保證事項如下：

一、所負責承辦業務（工程）均依相關規定辦理，日後如有承辦業務（工程）發生爭議，一經公司通知，立書人保證應即協助處理，如有涉法並願負相關法律責任。

二、立書人並無積欠電信或其他費用等情事，日後如有費用未清，一經公司通知，立書人保證立即清償；立書人同意與○○公司間所有工資、獎金等部分（包括但不限於）業已結清。

三、立書人自離職之日起與○○公司間勞動契約即告終止，立書人保證對外不得以○○公司員工名義進行任何相關活動。

四、立書人任職○○公司間所知悉之相關文件、檔案資料，應與保管或使用自身資料採取相同之注意與措施，且不得洩漏或交付第三人其內容之全部或部分，並遵循營業秘密法等相關法令規定。

此　致　　　　○○股份有限公司

　　　　　　　立切結書人：
　　　　　　　聯 絡 電 話：
　　　　　　　聯 絡 地 址：

中 華 民 國　　　　　年　　　　　月　　　　　日

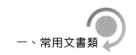

1-12 遺失物件切結書

遺失物件切結書

立切結書人：○○○（以下簡稱立書人）

　　現因立書人不慎遺失台北市○○路○號○○室（即○○股份有限公司所在地）大門鑰匙及文件櫃鑰匙各乙隻，立書人除願賠償鑰匙之成本費用外，日後如因前開遺失鑰匙導致○○公司直、間接損失，本人切結願負損害賠償責任，絕無異議。

　　此　　致
○○股份有限公司

　　　　　　　　　立切結書人：○○○
　　　　　　　　　身份證字號：
　　　　　　　　　住　　　址：
　　　　　　　　　聯 絡 電 話：

中 華 民 國　　　　　年　　　　　月　　　　　日

1-13 免加入公會申請書

免加入公會申請書

　　茲申請免予參加〇〇股份有限公司產業工會及職工福利會，並於任職期間內不再變更。

　　此　致
〇〇股份有限公司產業工會及職工福利會

申請人：	部門主管：	執行長：

立申請書人：

申 請 日 期 ： 中 華 民 國　　　　　年　　　　　月　　　　　日

備註：1.核可後交管理部備查。
　　　2.自申請日次月起停止扣繳福利費及工會會費

32

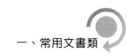

1-14 法律協助申請書

法律協助申請書

　　立書人茲因任職○○股份有限公司間經辦○○分案空調工程業務，現遭台北地檢署以被告身份傳喚出庭，懇請公司給予法律協助。

　　立書人並切結前開情事均非事實，且本人行為與公司權益並無利益衝突問題。

　　此　　致
○○股份有限公司

　　　　　　　　　　申　請　人：○○○
　　　　　　　　　　身份證字號：
　　　　　　　　　　地　　　址：

中　華　民　國　　　　　年　　　　月　　　　日

1-15 現金發放薪資切結書

現金發放薪資切結書

　　立切結書人〇〇〇茲因銀行帳戶遭盜用而被凍結，現申請將本人薪資部分以現金或不劃線支票方式直接交付，如對公司造成任何困擾，立書人願負擔一切責任。

　　此　　致
〇〇股份有限公司

　　　　　　　　　　立切結書人：

　　　　　　　　　　身份證字號：

　　　　　　　　　　住　　　址：

中　華　民　國　　　　　年　　　　　月　　　　　日

1-16 預支休假申請書

預支休假申請書

　　立申請書人○○○茲因先行預支○○年休假日期（合計五日），及未休完○○年假期合計○日（另折算現金支付）。恐口無憑，特立此申請書為證。

　　此　　致
○○股份有限公司

　　　　　　　　立申請書人：
　　　　　　　　身份證字號：
　　　　　　　　地　　　址：

中　華　民　國　　　　　年　　　　　月　　　　　日

1-17 聲請改定勞資會議期日

聲請書

聲　請　人：　○○股份有限公司　統一編號：1402××××

　　　　　　　設 11670 台北市文山區○○路○號

法定代理人：　○　○　○

　　　　　　　住　同　上

送達代收人：　○　○　○　　　　　電話：8919-××××

　　　　　　　住　同　上

為請假事：

　　茲因本公司與○○○等間有關工資、資遣費、其他（非自願性離職證明）等爭議案件，現因　貴會原排定會議時間本公司有重要公務待處理，爰以此書向　貴會先行請假，敬請另排定會議時間，建議會議時間：下週二上午或下午時段為宜，僅供貴會參酌。

　　此　致

財團法人新北市勞資權益維護會促進會　　　　　公鑒

中　華　民　國　　　　　年　　　　　月　　　　　日

　　　　　　　　　　具　狀　人：○○股份有限公司

　　　　　　　　　　法定代理人：○○○

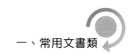

1-18 變更工作契約合意書

變更工作契約合意書

立書人：_____

立書人：○○股份有限公司（以下簡稱○○公司）

　　茲因○○○體查○○公司因○○乙事，同意變更與○○公司原簽立之工作契約，條件如下：

□變更工作場所_____

□變更工作條件_____

□其他_____

　　○○○同意○○公司對其所為一切權宜措施，○○公司保證：設若○○○因變更工作契約導致申請勞、健保給付變動時，○○公司將負責補足。

　　　　　　　　　　立　書　人：○○○

　　　　　　　　　　身份證字號：A12345678x

　　　　　　　　　　立　書　人：○○股份有限公司

　　　　　　　　　　法定代理人：○○○

中　華　民　國　　　　　年　　　　　月　　　　　日

1-19 變更工作契約合意書 2

變更工作契約合意書 2

立書人：＿＿＿＿＿＿＿＿＿

茲因立書人同意變更與○○公司原簽立之工作契約，條件如下：
□變更工作場所＿＿＿＿＿＿＿＿＿＿＿＿＿
□變更工作條件＿＿＿＿＿＿＿＿＿＿＿＿＿
□其他＿＿＿＿＿＿＿＿＿＿＿＿＿＿＿＿＿

　　　立書人已確實知悉○○公司與人力派遣公司間之相關契約規定，並同意遵守前開契約約定，如經派駐公司認定立書人不適任之情形，且○○公司並無相關職務時，立書人願接受○○公司提前資遣，絕無異議。

　　　　　　　　　立　書　人：○○○
　　　　　　　　　身份證字號：A12345678X

中　華　民　國　　　　年　　　　月　　　　日

2. 協議類常用文書

2-1 變更合約合意書

變更合約合意書

立合意書人：＿＿＿＿＿＿＿＿＿＿＿＿（以下簡稱甲方）

立合意書人：＿＿＿＿＿＿＿＿＿＿＿＿（以下簡稱乙方）

　　茲因甲、乙雙方原簽立＿＿＿＿＿＿＿＿＿＿＿＿＿（以下簡稱原合約），現雙方協議將原合約修改如下：

原合約	修改後條約

立合意書人：

法定代理人：

立合意書人：

法定代理人：

中　華　民　國　　　　　年　　　　　月　　　　　日

催收達人の
私房書　V　工程業常用文書 143 例及案件簡介

2-2 修改合約協議書

協議書

立協議書人：　○○股份有限公司（以下簡稱甲方）

　　　　　　　◎◎企業有限公司（以下簡稱乙方）

　　茲因○○工程契約（95-XXXX）修改合約事宜，雙方達成協議如后：

一、甲乙雙方同意原合約○○及○○部分予以減項，由甲方另行發包施作。

二、甲乙雙方同意前開減項工程費用合計新台幣○○萬元整（含稅），並由甲方直接自本案工程價款內減帳扣除。

三、甲方將前開減項工程另行議價後金額若較前開費用金額為高時，乙方同意甲方得自本案後續工程款中直接扣除差額部分。

立協議書人：

　　　　　　　甲　　　　方：○○股份有限公司

　　　　　　　法定代理人：○○○

　　　　　　　地　　　　址：台北市○○路○號○樓

　　　　　　　乙　　　　方：◎◎企業有限公司

　　　　　　　法定代理人：○○○

　　　　　　　地　　　　址：台北市○○路○號○樓

中　華　民　國　　　　　年　　　　　月　　　　　日

2-3 解約確認及切結書

解約確認及切結書

緣○○企業有限公司（下稱○○公司）承攬◎◎股份有限公司（下稱◎◎公司）之○○工程-○○財物契約於民國○○年○月○日辦理合議解約，經雙方點交解約相關事項文件如下：

一、◎◎公司退還○○公司公司本票$○○（含授權書）正本各一式。

二、本確認書一式二份，雙分各執乙份為憑。

上開文件經雙方確認點交無誤並各具收執為憑。

另○○公司原應同時退還退還◎◎公司工程契約正本一式，茲因前開文件業經水災滅失，○○公司今具結前開契約正本滅失無誤，若有不實，願對◎◎公司負起一切法律責任。。

立約及簽收人：　　　　　　　　立約及簽收人：
○○企業有限公司　　　　　　　◎◎股份有限公司
法定代理人：　　　　　　　　　法定代理人：○○○
代　　表　　人：

中　華　民　國　　　○○年　　　○○月　　　○○日

2-4 合作投標承攬協議書

合作投標承攬協議書

立協議書人	○○股份有限公司	以下簡稱甲方
立協議書人		以下簡稱乙方

現甲乙雙方共同協議如下：

一、合作標的與方式：

甲乙雙方協議參加投標承攬＿＿＿＿＿＿＿＿＿＿＿＿＿，甲方負責工程之投標與承攬後管理，接管工程由乙方負責承攬後工程施作及請款結算相關作業。

二、合作分工：

1. 投標所需之工程押標金、履約保證金及工程保固金等均由甲方出具保證。

2. 乙方應提供承攬工程管路部分所需有證照技術人員（提供不足部分租金由乙方支付）。

3. 乙方應提供承攬工程所需設置勞工安全衛生及品管組織人員（需持有技術證照）。

4. 乙方應提供承攬工程管路部分所需機具設備及工程所需車輛。

5. 乙方應將承攬之工程管路部分施工所需技術人員及工作人員，以借調方式歸入甲方施工隊（配合甲方業主規定），勞健保由乙方工程款抵扣，管路工程施工人員調度管理由乙方負責。

三、合作目標：結合雙方資源共同努力拓展業務，謀求共同利益。

四、付款辦法：開工後依與甲方之業主契約規定請款，待甲方之業主將款項撥入甲方帳號後，乙方開立應領工程款額發票向甲方請款，甲方最遲七日內（不含例假日）將工程款撥入乙方指定帳號內。

五、承作方式與管理費：乙方施工時應自備材料承作。

六、合作協議保證金：由乙方開立投標工程押標金之 10%金額支票乙張作為協議履約保證金。

七、違約：得標後乙方不履行合作協議甲方得沒收合作協議保證金及向乙方請求因而造成之損害賠償，乙方不得異議。

八、本協議書投標前經雙方同意得予修改。

九、得標後甲乙方雙方依本協議訂定支援施工契約，乙方應覓以名連帶保證廠商（資本額壹千萬元以上），並應提供公司具名之本票作為履約保證，金額應為甲方業主要求之履約保證金的 30%。

十、得標後乙方於五日內（決標日起最後一日為不上班或假日時順延）辦理下列事項：

　1.按本協議書第二條規定將所需資料、證件及執照送交甲方。

　2.備妥承攬本工程應送檢之工具、設備，送甲方業主指定地點，接受審驗。

　3.得標後十四天內備妥訂約資料簽訂支援施工契約。

十一、本工程預估總工程金額（含稅_____萬元，押標金新台幣_____萬元整，履約保證金為得標金額 10%）。

十二、投標總金額為甲乙雙方協議，投標金額為協議金額 2% 之
　　　範圍，如有繳交差額保證金時其利息或手續費由乙方支
　　　付（由乙方工程款扣繳）。

十三、本協議書投標前經雙方同意得予修改。

十四、雙方應依法令及協議，本誠信和諧履行約定。如因本協
　　　議發生訴訟事件時，雙方同意以甲方公司就近地方法院
　　　為第一審管轄法院。

十五、協議有效期間：除另有規定外本協議自簽訂日起生效，
　　　至支援施工契約訂定後失效，如未得標則於開標確定後
　　　自動解除。

2-5 和議解約點交書

合議解約點交書

　　緣〇〇科技有限公司（下稱〇〇公司）承攬◎◎股份有限公司（下稱◎◎公司）之〇〇工程-〇〇施工圖繪製財物契約於民國〇〇年〇月〇日辦理合議解約，經雙方點交解約相關事項文件如下：

一、〇〇公司退還◎◎公司財物契約正本一式。

二、◎◎公司退還〇〇公司大本票\$〇〇（含授權書）正本各一式。

雙方確認點交無誤並各具收執為憑

簽收人
　　〇〇科技有限公司　　　　　　　◎◎股份有限公司
　　法定代理人：〇〇〇　　　　　　法定代理人：〇〇〇

中　華　民　國　　　〇　〇　年　　　〇　〇　月　　　〇　〇　日

2-6 合作協議書

合作協議書

立書人：○○電腦股份有限公司（以下簡稱甲方）

立書人：◎◎股份有限公司　　（以下簡稱乙方）

　　緣甲方邀請乙方協助辦理○○股份有限公司（以下簡稱業主）○○硬體設備案（以下簡稱本專案）雙方同意訂定本協議書，共同遵守，其條款如下：

第一條：服務報酬

　　乙方之服務報酬係依本專案業主核撥款項後，乙方開立之請款發票經甲方同意後撥付。

第二條：保證金之繳納及發還

一、為協助甲方履行本專案規定之義務，乙方同意提供保證金。

二、保證金為新台幣○○元整，乙方於○月○日前辦理：

　　(一) 繳交以銀行開發或保兌之不可撤銷擔保信用狀、銀行之書面連帶保證或保險公司之連帶保證保險單者，應以「○○電腦股份有限公司」為擔保信用狀之受益人、連帶保證書之被保證人或保證保險單之被保險人。其有效期應較本專案規定之最後施工、供應或安裝期限長 90 日。

　　(二) 繳交設定質權之同額國內金融機構定期存款單者，應以「○○電腦股份有限公司」為質權人。（金融機構須簽

　　　　註同意於質權消滅前不對質權標的物之存款債權行使抵
　　　　銷權）。

三、因可歸責於乙方之事由，致甲方無法對業主之保證書、保
　　險單或信用狀有效期限內完成履約之虞，或致甲方無法於
　　保證書、保險單或信用狀有效期限內使業主完成驗收者，
　　乙方提供之保證書、保險單或信用狀之有效期應按遲延期
　　間延長之。乙方未依甲方之通知予以延長者，甲方將於有
　　效期屆滿前就該保證書、保險單或信用狀之金額請求給付
　　並暫予保管，其所生費用由乙方負擔。其須返還而有費用
　　或匯率損失者，亦同。

四、保證金於甲方對業主之保固期滿且無待解決事項，扣除罰
　　款及損害賠償金後，餘額無息發還。

第三條：損害賠償與罰款

一、因可歸責於乙方之事由，致造成甲方損害或有甲方對業主
　　之損害賠償情形時，乙方應對甲方負損害賠償責任。

二、乙方人員於協助與本案相關之活動，若有不法侵入並擷取
　　或竄改業主程式或資料情事，致甲方遭受損害時，乙方與
　　該行為人應對甲方負連帶損害賠償責任。

三、乙方應負擔之罰款，甲方得自應付保證金中扣抵；其有不
　　足者，得自向乙方追繳，甲方如因此受有損害，乙方並應
　　負損害賠償責任。有費用或匯率損失者，亦同。

第四條：準據法、管轄法院與其他約定

一、本契約以中華民國法律為準據法，並以台灣台北地方法院
為第一審管轄法院。

本契約未載明之事項，依民法等相關法令辦理。

立協議書人：

甲　　　方：○○電腦股份有限公司

負　責　人：○○○

地　　　址：○○市○○路○號○樓

統 一 編 號 ：3099XXXX

乙　　　方：　○○電腦股份有限公司

代　表　人：　○○○

（或負責人）

地　　　址：　○○市○○路○號○樓

統 一 編 號 ：　1402XXXX

中　華　民　國　　　　　年　　　　月　　　　日

2-7 租賃標的物返還協議書

租賃標的物返還協議書

出租人：○○○（以下簡稱甲方）

承租人：○○股份有限公司（以下簡稱乙方）

茲將租賃標的物返還事項說明如下：

一、乙方承租甲方座落於○○鄉○○段第○地號，面積共○○平方公尺（○○坪）土地使用。

二、乙方於○年○月○日止不再續租，租金已付訖無誤。

三、水費、電費已於○年○月○日辦理停用手續，如有未清費用歸乙方繳納。

四、地上物已清理完畢，租用之土地自○年○月○日點交予甲方。

唯恐口說無憑，本協議書一式二份，甲、乙雙方各執一份。

立　書　人：○　○　○

身份證字號：A12345678X

地　　　址：○○市○○路○○號

立　書　人：○○股份有限公司

法定代理人：○　○　○

地　　　址：○○市○○路○○號○樓

中　華　民　國　　　　　年　　　　　月　　　　　日

2-8 監督付款協議書

監督付款協議書

業主名稱：○○市政府工務局○○工程處

工程名稱：○○新建統包工程

工程編號：○○－ＸＸ

統包商代表：○○營造有限公司（以下簡稱甲方）

承包商：○○水電工程有限公司（以下簡稱乙方）

本工程配合廠商：○○工程有限公司（以下簡稱丙方）

　　　本案水電工程完成在即，且目前工進有落後現象，恐影響整體完工時程，業經甲乙丙三方充分溝通後，由○年○月起丙方對乙方本案所有工程（材料）計價，經乙方計價作業流程完備送甲方審查核可後，甲方同意開立銀行支票並取消禁背，並通知乙、丙雙方，再由乙方用印背書後，由丙方直接領取該工程款項，乙方無異議同意配合。但本案工程業經甲方向業主單位申請完工時，甲方應就工程計價剩餘款項提撥於乙方，不得以任何理由影響乙丙方之權利。特立此協議證明。

　　　　　　　　　甲方：○○營造有限公司

　　　　　　　　　乙方：○○水電工程有限公司

　　　　　　　　　丙方：○○工程有限公司

中　華　民　國　　　　　年　　　　　月　　　　　日

2-9 工程代執行三方協議書

工程代執行三方協議書

立協議書人：○○股份有限公司（以下簡稱甲方）

立協議書人：□□水電工程有限公司（以下簡稱乙方）

立協議書人：※※工程企業有限公司（以下簡稱丙方）

　　茲因「○○分案」機電工程－○○契約三方達成協議如后：

一、前開工程乙方委託丙方代為執行，甲乙雙方均同意原合約
　　針對該部分予以減項。

二、乙、丙雙方均同意前開代為執行工程費用合計新台幣○○
　　元整（含稅）。

三、前開款項乙方同意由甲方直接自本案工程價款內減帳扣除。

四、前開款項丙方應依程序開立發票向甲方請款。

立協議書人（甲方）：○○股份有限公司

法定代理人：

立協議書人（乙方）：□□水電工程有限公司

法定代理人：

立協議書人（丙方）：※※工程企業有限公司

法定代理人：

中　華　民　國　　　　　年　　　　　月　　　　　日

2-10 合約繼受協議書

合約繼受協議書

　　○○股份有限公司同意將財團法人○○資訊中心所屬會員單位的○○機維護合約書全數繼受給□□有限公司，雙方約定條件如下：

1. 協議標的物：○○公司對財團法人○○資訊中心所屬會員單位所有的○○機維護合約書共計○○○份，台數共計○○○台（詳細清單詳如附件明細），非明確載明於維護合約中之約定（例如：口頭承諾）不在本協議範圍。
2. ○○公司與□□公司協議此權利義務繼受自民國○年○月○日起生效。
3. ○○公司需以○年○月○日為清算日，清算對各合約單位所有已收及未收的款項金額，以利與□□公司執行找補。
4. 機型相關系統及應用程式所有權歸屬予□□公司，雙方並同意以本協議書之簽訂作為移轉上開標的所有權之合意。
5. 本繼受權利義務移轉並無權利金或其他的衍生費用。
6. ○○公司需於○年○月○日前取得財團法人○○資訊中心所屬會員單位的○○機維護合約書移轉同意書，若上述單位未能於○年○月○日前簽署移轉同意書則列為個案處理且不在項次三找補範圍內。

7. 本協議書一式二份，由○○股份有限公司及□□有限公司各執一份為憑。

以下空白。

○○股份有限公司　　　　　□□有限公司
代表人：○○○　　　　　　代表人：○○○
統一編號：1402XXXX　　　統一編號：7076XXXX
地址：○○市○○路○號○樓　地址：○○市○○街○號○樓

中　華　民　國　　　○　年　　　○　月　　　○　日

2-11 合作備忘錄

合作備忘錄

立備忘錄人〇〇股份有限公司（以下簡稱甲方）

立備忘錄人□□股份有限公司（以下簡稱乙方）

　　茲因甲乙雙方同意合作參與〇〇工程局〇〇系統工程〇〇標現場設備工程」案（以下簡稱本專案）投標。雙方爰本誠信原則，訂立本備忘錄，以資信守。雙方約定事項如下：

第一條（合作目的與分工）

　　為確實掌握本專案執行重點與進度，雙方同意於本專案工程規劃與執行作業上合作，組成工作小組共同協助對方於專業領域上之規劃與配合相關業務執行，提供本案建立完整與有效之整體解決方案。

第二條（備忘錄之效力）

　　本備忘錄自雙方簽署之日起生效，至本專案決標止；但如本專案延期決標者；有效期間應順延至決標日；於有效期間內，若投標議價未進入底價，再視議價差額雙方依等比例調降。如取得本專案之得標資格，雙方應就本專案的規劃、建置、維護及承攬所得之分配事宜，另行簽署正式契約書。

第三條（保密義務）

　　甲乙雙方同意因執行本備忘錄而知悉他方提供之各項文件

及資料等，應於本備忘錄有效期限內及屆滿之後，應互負保密義務，非經他方書面同意，不得將相關業務機密及營業資料、計畫洩漏予第三人或以此從事不利他方之情事。

本備忘錄應視為營業秘密，甲乙雙方於簽署本備忘錄時，應各簽具保密同意書（如附件二）一式二份，由甲方及乙方各執一份。

第四條

基於甲乙雙方之共同利益，甲乙雙方均承諾針對本專案不得再與第三人洽談合作事宜。

第五條（失效及費用）

本備忘錄有效期間屆滿或本專案未得標者，本備忘錄應即失效，雙方不須給付任何費用予對方。

第六條（準據法及管轄法院）

所有因本備忘錄所引起之爭端，雙方應盡最大誠意協商解決之。如協議不成，雙方同意以臺灣臺北地方法院為第一審管轄法院，並以中華民國法律為準據法。

第七條（其他約定事項）

本備忘錄共一式兩份，由雙方各執一份為憑。

立備忘錄人：

　　甲　　方：○○股份有限公司
　　代 表 人：○○○
　　地　　址：台北市○○路○號
　　統一編號：9979XXXX

　　乙　　方：□□股份有限公司
　　代 表 人：○○○
　　地　　址：○○市○○路○號 1 樓
　　統一編號：1402XXXX

中　華　民　國　　　○　年　　　○　月　　　○　日

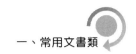

2-12 提供合約合意書

提供合約合意書

立書人：_____

立書人：○○股份有限公司（以下簡稱○○公司）

　　茲因○○○體查業主□□公司要求○○公司提供定期性契約書乙事，雙方同意該定期性契約僅係提供業主存查用，○○公司特承諾員工權益均不受影響，恐口無憑，雙方特簽立本合意書為證。

　　　　　　　　立　書　人：

　　　　　　　　身份證字號：

　　　　　　　　立　書　人：○○股份有限公司

　　　　　　　　法定代理人：○○○

中　華　民　國　　九　十　八　年　　　　　月　　　　　日

3. 切結、承諾、聲明類

3-1 工程款項切結書

工程款項切結書

立 書 人： 　　　　　　　股份有限公司（以下簡稱立書人）

　　緣立書人與　貴公司簽立○○工程承攬契約（契約編號：＿＿＿＿＿），立書人現切結下開事項：

一、前開工程報酬金額悉依合約規定，不得有任何追加款情形出現。

二、立書人知悉前開工程合約之報酬請求權依民法第 294 條第 1 條第 3 款規定係為不得讓與第三人，日後若有其他下包或第三人出面宣稱或主張權利時，概與　貴公司無涉。

恐口無憑，特立此書為證

　　此　致
○○股份有限公司

　　　　　　　立　書　人： 　　　　股份有限公司
　　　　　　　負　責　人：
　　　　　　　地　　　址：

中　華　民　國　　　　　年　　　　　月　　　　　日

3-2 上訴費用暨補用印切結書

上訴費用暨補用印切結書

　　針對不服臺北地院○年建字第○號民事判決聲明上訴事件，立切結書人○○營造工程有限公司（以下簡稱立書人）茲切結因前開上訴所衍生一切費用（包括但不限於上訴費用、律師費用、車馬費、鑑定費等）均由立書人負責支付，與○○股份有限公司無涉。

　　立書人並承諾於○年○月○日前補齊蓋用公司印鑑之正式切結書。如未能依限完成，○○股份有限公司得隨時撤回前開上訴，立書人絕無異議。

　　此　　致
○○股份有限公司

　　　　　　　　　　立切結書人：○○營造工程有限公司
　　　　　　　　　　代　理　人：○　○　○
　　　　　　　　　　身份證字號：R120742○○○
　　　　　　　　　　住　　　址：○○市○○路○號○樓

中　華　民　國　　　○　○　年　　　○　月　　　○　日

3-3 完成簽約程序承諾書

完成簽約程序承諾書

　　茲因○○機械有限公司承攬○○股份有限公司之○○工程，雙方本已議價完成，但因故未簽立正式合約，為督促○○機械有限公司儘速完成履約，○○公司遂向○○地方法院聲請核發支付命令在案。

　　現○○公司承諾如○○機械有限公司於簽立本書之日起五工作天內完成一切簽約及繳交履保程序者，○○公司保證不再針對前開糾葛續行追索。

　　此　　致
○○機械有限公司

立　書　人：○○股份有限公司

法定代理人：○○○

地　　　址：○○市○○路○號○F

中　華　民　國　　　　　年　　　　　月　　　　　日

3-4 補正印鑑切結書

補正印鑑切結書

　　針對申請工程款之支票（ AZ044XXXX/AZ044XXXX/ AZ044XXXX）取銷禁止背書轉讓事件，立切結書人○○股份有限公司（以下簡稱立書人）茲因留存印鑑式與原契約蓋立印鑑未符，立書人切結願於 100 年○月○日前補齊印鑑式授權書，如有違誤，願負一切法律責任，立書人絕無異議。

　　此　致
◎◎股份有限公司

　　　　　　　　　　立切結書人：○○股份有限公司
　　　　　　　　　　代　理　人：○○○
　　　　　　　　　　身份證字號：A22322XXXX
　　　　　　　　　　住　　　址：台北市○○路○號○樓

中　華　民　國　　　一　百　年　　　○　月　　　○　日

3-5 發票作廢聲明書

發票作廢聲明書

　　有關台灣○○有限公司於民國○○年○月○日所開立之發票，發票號碼：PU3384xxxx，銷售額：NT＄○○，營業稅 NT＄○，總計 NT＄○○，因該發票本公司未入帳，請台灣○○有限公司作廢重新開立。特提出聲明書供○○有限公司向　貴稅捐稽徵機關申請專案退稅。

　　此　致
財政部台北市國稅局○○稽徵所

　　　　　　　　　　立聲明書人：○○股份有限公司
　　　　　　　　　　法定代理人：○○○
　　　　　　　　　　統一編號：1402xxxx
　　　　　　　　　　地　　址：台北市○○路○號○樓

中　華　民　國　　一　百　年　　○　月　　○　日

3-6 印鑑式約定書

印鑑式約定書

　　立書人於民國　　　　年　　　　月間與貴公司所訂之

　　及爾後與　貴公司間往來契約及其相關含出具交貨驗收證明及請領款項等文件，均約定<u>下列印鑑與原約印鑑有同一效力</u>；嗣後本公司對　貴公司之契約行為或意思表示悉以下列印鑑或原約印鑑任擇一式，即生效力。

約定印鑑式	

　　此　致
○○股份有限公司　台照

　　　　　　　　立約定書人：○○有限公司
　　　　　　　　法定代理人：○○○

　　　　　　　（蓋用原約大小章並由法定代理人簽名）

中　華　民　國　　　九　十　六　年　　　十　二　月　　　　　　日

3-7 保證出貨及保固責任切結書

保證出貨及保固責任切結書

立書人茲保證○○股份有限公司依約需交付◎◎股份有限公司之○○工程——○○部分，其品質：＿＿＿＿＿＿、數量：＿＿＿＿＿＿、交貨日期：＿＿＿＿＿＿、交貨地點：＿＿＿＿＿＿，若無法依前開條件交貨時，本公司願負起保證責任。

針對前開電線電纜之品質，立書人保證於交貨五年之內對其負保固責任。

此　致
◎◎股份有限公司

　　　　　　立書人：●●電線電纜股份有限公司
　　　　　　負責人：

中　華　民　國　　　　　年　　　　　月　　　　　日

3-8 補正切結書

補正切結書

立書人：○○電機股份有限公司（以下簡稱○○公司）

立書人：◎◎股份有限公司（以下簡稱◎◎公司）

　　○○公司前將對●●公司之○○工程保固金債權讓與◎◎公司，現因●●公司尚有疑慮未能同意前開債權讓與。○○公司與◎◎公司茲補正切結如下：一、授權榮電公司針對前開工程缺失得自行僱工修繕，無須再先行通知○○公司；二、◎◎公司知悉保固金債權金額須待保固期間結束後再行清算，◎◎公司對剩餘金額部分絕無異議。

　　此　　致

●●股份有限公司

　　　　　　　　立　書　人：○○電機股份有限公司

　　　　　　　　法定代理人：○○○

　　　　　　　　立　書　人：◎◎股份有限公司

　　　　　　　　法定代理人：○○○

中　華　民　國　　　　　年　　　　　月　　　　　日

3-9 缺失改善切結書

缺失改善切結書

　　本公司所　承包「○○區○○工程」一案，日前保固期限已於○○年○月○日屆滿，惟目前針對如附表所示○項設備缺失部份正進行改善工作。並由於○○公司（以下簡稱業主）於年關將屆，無法立即對已完成改善部分進行接收驗証作業。

　　為使貴、我雙方公司能及早卸除保固責任，本公司切結負責完成下述承諾：如上述○項設備缺失而致無法正常運作情事，本公司負責改善至設備回復正常功能並徵得業主認可為止。以上承諾如蒙核可，惠請同意解除本公司之銀行連帶保固責任。

特此立切結書為證。

　　此　　致
○○（股）公司○○管理處

○○股份有限公司

負　責　人：○○○

中　華　民　國　　　○　○　年　　　○　月　　　○　日

3-10 履保票據承諾書

履保票據承諾書

本公司不慎遺失　貴公司因承攬「○○工程－○○設備」所繳納依據本公司格式開立之履約保證本票$○○，現因　貴公司需重行開立同金額之履約保證本票，本公司茲承諾：針對前開票據遺失部分如產生任何糾葛均與　貴公司無涉，本公司願負一切責任。

　　此　　致
○○實業股份有限公司

　　　　　　　　　公司名稱：○○股份有限公司
　　　　　　　　　負　責　人：○○○
　　　　　　　　　公司地址：台北市○○路○號
　　　　　　　　　連絡電話：(02)8919-XXXX

中　華　民　國　　○　○　年　　　○　月　　　○　日

3-11 簽訂租賃契約授權書

簽訂租賃契約授權書

茲授權○○企業社（即○○○）代為處理座落台北市○○
街○巷○號，地號：台北市○○區○○段○小段○地號之土地
及其地上物，並授權其簽訂租賃契約。

此　致
○○股份有限公司

立授權書人：○○○（親簽）

身份證字號：A12345XXXX

地　　　址：台北市○○街○巷○號

立授權書人：○○○（親簽）

身份證字號：A12345XXXX

地　　　址：台北市○○街○巷○號

見　證　人：○○○（親簽）

身份證字號：A12345XXXX

地　　　址：台北市○○街○巷○號

中　華　民　國　　　○　○　年　　　○　月　　　○　日

3-12 工程備忘錄

工程備忘錄

立書人：○○股份有限公司（以下簡稱甲方）

立書人：◎◎科技有限公司（以下簡稱乙方）

　　茲因甲方自○○局（以下簡稱業主）承攬○○工程之○○系統功能提升工程」分包予乙方事宜，雙方議定備忘錄如下：

　　本工程契約總價因業主尚未與甲方進行議價程序，故以監造預算價新台幣（以下同）○萬元整（含加值型營業稅）暫訂，如經甲方與業主議價程序完成核定後，議價核定金額若高於預算價之 X%，即○萬元（含），乙方願以核定之議價金額的 X% 作為契約總價，若低於○萬元，乙方則以核定之議價金額的 X% 作為契約總價，此契約總價並包括保險費、勞安費、稅捐、利潤、管理費等。

　　本備忘錄自簽署日起二個月內未簽立正式合約則本備忘錄作廢。

　　　　　　　　　立書人：○○股份有限公司

　　　　　　　　　負責人：○○○

　　　　　　　　　地　　址：○○市○○路○號○樓

　　　　　　　　　電　　話：(02)8919-XXXX

　　　　　　　　　立書人：○○科技有限公司

　　　　　　　　　負責人：○○○

　　　　　　　　　地　　址：○○市○○路○號○樓

　　　　　　　　　電　　話：(02)XXXX-XXXX

中　華　民　國　　　○　○　年　　　○　月　　　○　日

3-13 同意更換承商切結書

同意更換承商切結書

　　本公司承攬　貴公司○○工程之資料收集系統、資料顯示系統之施工工程，因○○設備硬軟體整合問題，經三方開會決議，本公司同意　貴公司委由●●光纖通信股份有限公司辦理○○設備硬軟體整合更換建置工程，該項施工保固期等同於◎◎對○○合約之條款。

　　前開工程所需費用，本公司現切結同意由原向　貴公司申請之物價調整收入及為因應工程提前通車所請之配合趕工獎金收入項下支付，並保證日後不得就該款項對　貴公司有任何主張。

　　此　致
◎◎股份有限公司

　　　　　　　　立　書　人：○○工業股份有限公司
　　　　　　　　負　責　人：○○○

中　華　民　國　　　　　年　　　　　月　　　　　日

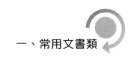

3-14 保管責任切結書

保管責任切結書

　　本公司承攬　貴公司○○工程○○設備工程，茲因目前設備無法辦理進廠手續，本公司現切結保管如附表所示之設備，並授權　貴公司得逕行雇匠開啟門鎖，進入保管址搬取並占有附表設備，本項授權不得撤銷。

　　立書人茲切結未經貴公司書面同意，絕不將附表設備移離保管址，並願負保管責任。立書人如為法人，其法定代理人對切結事項願負連帶保證責任。

　　此　　致
○○股份有限公司

　　　　　　　　　　立書人：○○防保安服務股份有限公司
　　　　　　　　　　負責人：○○○

中　華　民　國　　　　　年　　　　　月　　　　　日

71

3-15 材料保管切結書

材料保管切結書

一、茲因○○實業股份有限公司（簡稱甲方）承攬臺灣電力股份有限公司台北西區營業處之『○○配電外線』工程，與○○股份有限公司（簡稱乙方）訂有分包契約，乙方同意切結以下各項內容：由甲方委託乙方至台電公司台北西區營業處材料股另取因工程所需之台電公司材料及其他甲方帶料材料，乙方需妥善保管。乙方保管之材料僅能使用於上述工程之用，不得擅自挪用及扣押，亦不得以材料保管人之名義向甲方提出其他要求，如有遺失或損壞乙方應負全部賠償責任。

二、如甲乙雙方分包契約關係結束時，甲方得依約以書面通知乙方，於結束日起七日內，乙方應將代為保管未施工之材料列冊盤點後交由甲方清點領回。乙方不得以任何理由推拖或拒絕甲方，否則甲方可依據台電公司領料憑證，自行派人至乙方放置材料處取回委託保管之材料，乙方不得異議，以維護台電業主及本公司權益。如發生訴訟事件時，乙方同意放棄先訴及上訴抗辯權。

三、此材料保管切結書經雙方協議，乙方確實瞭解後簽訂無誤。

委託人甲方：○○實業股份有限公司
代　表　人：○　○　○
地　　　址：○○市○○路○號○樓
切結人乙方：○○股份有限公司
代　表　人：○　○　○
地　　　址：○○市○○路○號○樓

中　華　民　國　　　　　年　　　　　月　　　　　日

3-16 約定備償專戶承諾書

約定備償專戶承諾書

　　立承諾書人：○○股份有限公司茲承諾○○局（以下簡稱業主）辦理「○○專案○○工程」之工程款，由業主直接匯入○○商業銀行○○帳號○○股份有限公司備償專戶，此一付款方式之匯存帳號非經○○商業銀行同意絕不中途變更。

　　此　　致
○○商業銀行

　　　　　　　　　　立承諾書人：○○股份有限公司
　　　　　　　　　　董　事　長：○○○
　　　　　　　　　　地　　　址：○○市○○路○號○樓

中　華　民　國　　　　　年　　　　　月　　　　　日

3-17 動用保固金維修同意書

動用保固金維修同意書

立書人：○○資訊有限公司

　　立書人公司承攬　貴公司「△△建置工程（）」（98-XX），
頃接　貴公司通知略謂：施作路段手孔蓋產生噪音擾民亟需改
善乙事，但因立書人公司人力調派不及恐耽誤改善時程，且立
書人公司於　貴公司另有「□□建置工程（）」（98-XX）保固
金，特立此書請　貴公司同意先行動用前開保固金進行上開改
善維修工程，立書人公司對改善費用及抵扣方式絕無異議，特
立此書為憑。

　　此　致
◎◎股份有限公司

　　　　　　　　立　書　人：○○資訊有限公司

　　　　　　　　法定代理人：○○○

中　華　民　國　　　○　年　　　○　月　　　日

3-18 負責安裝及提供軟體承諾書

負責安裝及提供軟體承諾書

　　○○股份有限公司（以下簡稱立書人）承攬　貴中心之○○系統建置案工程（契約編號：A100-XX）。

　　茲因　貴中心尚未提供合適場地安裝設備，現為配合　貴中心相關作業，立書人承諾於接獲　貴中心書面通知後即負責免費安裝。

　　另因　貴中心尚未完成與財金中心線路及金融代號申請程序，立書人承諾於接獲　貴中心書面通知後即負責免費安裝。

　　及依合約立書人應交付之硬體設備，不限於本案已交貨部分，立書人承諾將提供符合設備目的且適量之軟體授權。

　　此　致
○○中心

　　　　　　　　　立　書　人：○○股份有限公司
　　　　　　　　　法定代理人：○○○
　　　　　　　　　地　　　址：○○市○○路○號○F

中　華　民　國　　　　年　　　　月　　　　日

3-19 保密同意書

保密同意書

　　立同意書人○○股份有限公司（以下簡稱立書人）擔保對本合作備忘錄之所有內容（含所有文件、圖說、報表或電腦資料、數據等）凡關於 貴公司營業秘密者，均嚴守秘密。

　　立書人承諾其負責人、董事、經理人編制內外員工或顧問，對於營業秘密之使用或利用，應以職務上需要且以評估、研議或執行之必要而需提供予其外聘專業顧問或融資銀行（以下簡稱「收受人」）參酌使用，立書人應要求各該營業秘密之「收受人」亦嚴守保密義務。

　　如因洩漏致 貴公司權益遭受損害時，立書人願負一切法律責任，特立此同意書存證。

　　此　　致
□□股份有限公司

　　　　　　　　　　立同意書人：○○股份有限公司
　　　　　　　　　　法定代理人：○○○
　　　　　　　　　　地　　　址：○○市○○路○號○樓
　　　　　　　　　　統 一編 號：1402XXXX

中　華　民　國　　　　　　　年　　　　　　月

二、常用書函類

1. 回覆立委陳情

1-1 回覆立委陳情函 1

○○股份有限公司　　書函

連絡地址：231　○○市○○路○號○樓
承辦人及電話：○○○　（02）8919-XXXX

受 文 者：○○工程有限公司

發文日期：中華民國　　年　月　日

發文字號：　　字第　　　　號

速別：最速件

密等及解密條件：

附件：如文

主　　旨：有關　貴公司陳情○○設備工程爭議乙案，覆如說明，請查照。

說　　明：

一、覆　貴公司○年○月○日○字第○號函。

二、依○年○月○日○字第○號書函所述，　貴公司迄今仍未完成○○圖審查，依工程慣例未經業主審查核可前，不得製造生產。

三、有關○○設備工程之信用狀已逾時效乙節，本公司於 X.X.X 接獲○○地院扣押命令，前開事實業已該當　貴我合約第○○條規定，本公司已委請○○法

　　律事務所於 X.X.X 發函終止合約。

四、自本公司終止合約律師函文依法送達　貴公司起，貴我間已無合約存在，本公司自無「限期履行合約及重開信用狀」之義務，　貴公司陳情所請本公司歉難同意。

正本：○○機電工程份有限公司、
副本：立法委員○○○國會辦公室、○○公司○○工務所

　　　　　　　　　　　　　　　　　～公司條戳～

1-2 回覆立委陳情函 2

○○股份有限公司　書函

連絡地址：231 ○○市○○路○號○樓
承辦人及電話：○○○　（02）8919-XXXX

受　文　者：立法委員○○○國會辦公室

發文日期：中華民國 97 年○月○日

發文字號：　字第　　　號

速別：

密等及解密條件：

附件：

主　　旨：貴選民○○○實業股份有限公司非工程債權合法當
　　　　　事人，所請礙難同意，請諒察。

說　　明：

一、覆立法委員○○○國會辦公室 2009○公辦字第○號函。

二、自本公司收受○○○先生通知○○○公司將其債權
　　讓與情事後，○○○公司業非該工程債權合法當事
　　人，故本公司礙難同意○○○公司所請，請諒察。

三、另○○公司、○○企業、○○公司等皆因○○○公
　　司重複讓與而對本公司提出訴訟請求，導致本公司
　　不勝其擾，該重複讓與債權行為有無涉及詐欺刑
　　責，本公司保留提告權利，併此敘明。

正本：立法委員○○○國會辦公室

～公司條戳～

1-3 回覆立委陳情函 3

○○股份有限公司　　書函

連絡地址：231　○○市○○路○號○樓
承辦人及電話：○○○　（02）8919-XXXX

受 文 者：立法委員○○○國會辦公室
發文日期：中華民國　　年　月　日
發文字號：　字第　　　號
速別：
密等及解密條件：
附件：

主　　旨：與○○公司爭議調解乙事覆如說明，請　查照。
說　　明：

一、覆立法委員○○○國會辦公室轉發○○工程股份有限公司爭議調解申請書。

二、調解會議於 X.X.X 於本公司舉行，○○公司申請先行撥付工程尾款，但因台北地院前核發扣押命令，本公司以無餘款向其聲明異議，現若撥付恐觸刑責，該公司所請礙難同意。

三、至若前開工程向內政部營建署訴訟爭取減免工程扣款，如獲勝訴判決，本公司將依比例退還○○公司，並此敘明。

正本：立法委員○○○國會辦公室

～公司條戳～

1-4 回覆立委陳情函 4

○○股份有限公司　　書函

連絡地址：231 ○○市○○路○號○樓
承辦人及電話：○○○　（02）8919-XXXX

受 文 者：立法委員○○○服務處

發文日期：中華民國　　年　月　日

發文字號：　　字第　　　號

速別：

密等及解密條件：

附件：

主　　旨：函覆○○建築有限公司（以下簡稱○○公司）與本
公司間工程款糾葛乙事如說明，惠請　查照。

說　　明：

一、覆立法委員○○○服務處陳情書。

二、查本案前有○○○律師於○.○.○及○.○.○發函略
謂：○○公司將本公司工程款債權轉讓予○○營造
公司，嗣後本公司函覆該律師：請先證明該債權讓
與之真實性。

三、且本公司於○.○.○收台北地方法院扣押命令，禁止於
債權額內給付該公司工程款項，本公司業已遵照辦理。

四、本公司於上開法院禁止命令及糾葛尚未釐清前不便
先行付款。

正本：立法委員○○○服務處

～公司條戳～

2. 法院往來書函

2-1 函詢有無拋棄繼承函

○○股份有限公司　　書函

連絡地址：231○○市○○路○號○樓
承辦人及電話：○○○　（02）8919-XXXX

受 文 者：○○地方法院家事法庭

發文日期：中華民國　　年　月　日
發文字號：　字第　　　號
速別：
密等及解密條件：
附件：如文

主　　旨：為查明本公司債務人○○○（A22313XXXX）之繼承人有無向　鈞院聲請拋棄或限定繼承乙事，請惠予查明並見覆。

說　　明：
一、本公司對○○○（A22313XXXX）主張之票據債權，業經　鈞院96年票字第82XXX號受理在案(附件一)。
二、據悉債務人○○○業已過世（附件二），但繼承人有無拋棄或限定繼承不明，特檢附前開文件向　鈞院聲請查明有無拋棄或限定繼承情事。

正本：○○地方法院家事法庭

～公司條戳～

2-2 函詢清算人就任函

○○股份有限公司　　書函

連絡地址：231 ○○市○○路○號○樓
承辦人及電話：○○○　（02)8919-XXXX

受 文 者：台灣○○地方法院民事庭

發文日期：中華民國 97 年○月○日

發文字號：　　字第　　　　號

速別：

密等及解密條件：

附件： 如文

主　　旨：為查詢本公司債務人○○科技股份有限公司（統一
編號：7065XXXX）之清算人有無向　鈞院聲報就
任，惠請　查明並見覆。

說　　明：

一、茲因台灣○○地方法院非訟事件處理中心 98.01.06
通知（附件），命本公司陳報○○科技股份有限公
司有無向　鈞院聲報清算人。

二、現為查明其清算人有無就任及日後合法送達問題，
特函詢　鈞院，惠請　查明並見覆。

正本：台灣○○地方法院民事庭

副本：

～公司條戳～

2-3 通知員工離職函

○○股份有限公司　　書函

連絡地址：231○○市○○路○號○樓
承辦人及電話：○○○　（02）8919-XXXX

受 文 者：○○縣稅務局○○分局

發文日期：中華民國 97 年○月○日

發文字號：　字第　　　號

速別：

密等及解密條件：

附件：

主　　旨：因○○○（身份證字號：R10251XXXX）業已離職
故無從扣押其薪資債權，請　查照。

說　　明：

一、覆　貴分局○.○.○南縣稅新分三字第 097022XXX
號函。

二、經查該員業已離職，故無從遵照法務部行政執行署
○○行政執行處○.○.○南執和 96 年牌稅執字
93XXX 號函辦理，覆請查照。

正本：○○縣稅務局○○分局
副本：法務部行政執行署○○行政執行處

〜公司條戳〜

2-4 檢送檢方資料函 1

○○股份有限公司　　書函

連絡地址：231○○市○○路○號○樓
承辦人及電話：○○○　（02）8919-XXXX

受 文 者：臺灣○○地方法院檢察署

發文日期：中華民國 99 年　月　日

發文字號：　字第　　　號

速別：

密等及解密條件：密件

附件：如文

主　　旨：檢附　鈞署 98 年他字第 2XXX 號案件相關資料，請
　　　　　查照。

說　　明：

一、依　鈞署○股檢察事務官 99.02.09 電話指示辦理。

二、檢附公司前職員○○○因公前往高雄（○○○）合
　　約對保之出差旅費報銷表影本如附件。

三、本公司機電群前職員○○○人事資料如下，ID：
　　A22079XXXX，地址：台北市○○路○號○F。

正本：臺灣○○地方法院檢察署

～公司條戳～

二、常用書函類

2-5 檢送檢方資料函 2

○○股份有限公司　　書函

連絡地址：231○○市○○路○號○樓
承辦人及電話：○○○　（02）8919-XXXX

受　文　者：臺灣○○地方法院檢察署
發文日期：中華民國 99 年　月　日
發文字號：　字第　　　號
速別：
密等及解密條件：密件
附件：如文

主　　旨：檢附　鈞署 98 年他字第 2XXX 號案件相關資料，請
　　　　　查照。

說　　明：
　　　一、依　鈞署○股檢察事務官傳真函指示辦理。
　　　二、檢附前開傳真函文要求 1～5 文件影本如附件。
　　　三、至前開傳真函文要求 6 部分，經辨認後確非本公司
　　　　　員工（含○○○）字跡。

正本：臺灣○○地方法院檢察署

～公司章戳～

2-6 函覆檢方函

○○股份有限公司　　書函

連絡地址：231○○市○○路○號○樓
承辦人及電話：○○○　（02）8919-XXXX

受 文 者：臺灣○○地方法院檢察署
發文日期：中華民國 100 年○月○日
發文字號：　　字第　　　號
速別：
密等及解密條件：
附件：

主　　旨：本公司查無貴署要請提供之文件，請查照。

說　　明：

一、覆　貴署 100.04.26 北檢執持 100 執從 XX 字第
28XXX 號通知。

二、前開函文所附判決所示應沒收之原本，因本公司歷
經搬遷且超過文件保存年限致遍尋無著，歉難提供。

正本：臺灣○○地方法院檢察署

～公司條戳～

2-7 函覆地院函

○○股份有限公司　　書函

連絡地址：231○○市○○路○號○樓
承辦人及電話：○○○　（02）8919-XXXX

受 文 者：臺灣○○地方法院

發文日期：中華民國 99 年　月　日

發文字號：　字第　　號

速別：

密等及解密條件：

附件：

主　　旨：函覆　鈞院查詢○○○（即○○）相關資料如說明
二，覆請查照。

說　　明：

一、依　鈞院 99.02.22 投院平民定 98 消債抗 53 字第
02XXX 號函辦理。

二、經查○○○即○○（身份證字號：M12060XXXX）
於○.○.○～○.○.○任職本公司，為本公司點工人
員（論工時計酬），平均薪資約略為新台幣○○元，
離職原因為自願離職。

正本：臺灣○○地方法院

副本：

～公司章戳～

2-8 檢送法院資料函 1

○○股份有限公司　　書函

連絡地址：231○○市○○路○號○樓
承辦人及電話：○○○　（02）8919-XXXX

受　文　者：臺灣○○地方法院
發文日期：中華民國○年○月○日
發文字號：100○字第 0XXX 號
速別：
密等及解密條件：
附件：如文

主　　旨：檢送　鈞院函索資料如附件，請查收。

說　　明：

一、依　鈞院 100.04.19 北院木刑靖 99 金訴 XX 字第 100000XXX 號函辦理。

二、檢附本公司自民國 94 年起迄今之歷年財務報表、歷次股東會議事錄及 96 及 97 年營運計畫如附件。

三、前函說明二中要求提供○○○（身份證字號：H10010XXXX 號）於擔任○○期間曾造訪本公司之相關資料，本公司並未製作會議記錄。

正本：臺灣○○地方法院

～公司章戳～

2-9 檢送法院資料函 2

○○股份有限公司　　書函

連絡地址：231○○市○○路○號○樓
承辦人及電話：○○○　（02）8919-XXXX

受　文　者：臺灣○○地方法院○○簡易庭

發文日期：中華民國 100 年○月○日

發文字號：　字第　　　號

速別：

密等及解密條件：

附件：如文

主　　旨：覆　鈞院函詢二、○○○實業股份有限公司（統一
　　　　　編號：8043XXX）相關事項如說明，請查照。

說　　明：

一、覆鈞院 100.05.30 北院木民庚字 99 年北簡字第
　　19XXX 號函。

二、○○○實業股份有限公司原係本公司「○○工程案」
　　之下包承商，合約金額為新台幣○○元。

三、○○○實業股份有限公司債權讓與明細表詳如附件。

正本：臺灣○○地方法院○○簡易庭

～公司條戳～

3. 律師往來

3-1 回覆智財侵權函

○○股份有限公司　　書函

連絡地址：231 台北縣○○市○○路○號○樓
承辦人及電話：○○○8919-×××××*××××

受 文 者：○○○智產權事務所

發文日期：中華民國　　年　月　日
發文字號：　　字第　　　　號
速別：
密等及解密條件：
附件：

主　　旨：貴事務所函稱專利雷同乙事覆如說明，請　查照。

說　　明：

一、覆　貴事務所 97.0×.××檔號 CP01××××號函。

二、貴所代當事人○○股份有限公司發函指稱：本公司
於○○處裝設之「○○燈具」與該公司專利多有雷
同。

三、經查　貴所提供鑑定報告無從判別該工程究否為本
公司承攬；再者，○○工程本公司係再分包予其他
廠商施作，即令專利雷同情事亦與本公司無涉。

正本：○○○智產權事務所

～公司條戳～

3-2 覆律師事務所函

○○股份有限公司　　書函

連絡地址：231 台北縣○○市○○路○號○樓
承辦人及電話：○○○ 8919-XXXX

受　文　者：

發文日期：中華民國　　年　月　日

發文字號：　　字第　　　號

速別：

密等及解密條件：

附件：

主　　旨：貴所函請協商返還工程保留款乙事覆如說明，請
　　　　　查照。

說　　明：

一、覆　貴事務所 97.X.X（文法）字第 XX 號函。

二、貴所前開函文指稱本公司對○○有限公司負有遲延
　　返還○○工程」之相關工程保留款乙事與事實不
　　符，本案尚未經業主正式驗收合格，並無依約返還
　　保固保證金之問題。

三、前函稱將對本公司資產實施假扣押、公諸輿情等
　　事，本公司至為震驚，如造成任何損害，定依法追
　　究到底、絕不寬貸。

正本：○○法律事務所、○○有限公司

副本：機電事業群

　　　　　　　　　　　　　　　　　　　～公司條戳～

3-3 覆律師證明讓與函 1

○○股份有限公司　　書函

連絡地址：231 台北縣○○市○○路 50 號 9 樓
承辦人及電話：○○○（02）8919-XXXX

受 文 者：○○○律師

發文日期：中華民國　　年　月　日

發文字號：　字第　　　號

速別：

密等及解密條件：

附件：

主　　旨：請證明債權轉讓契約書之真實性，請　查照。

說　　明：

一、覆　貴律師 96.10.25 得函字第 9610XXX 號函。

二、貴律師代理○○營造有限公司以前開函文檢附「債權轉讓契約書」，向本公司請領○○建築有限公司承攬○○工程之工程款。

三、但前開債權轉讓契約書究否為真實，雖經　貴律師見證，但本公司殊難判別。為免本公司權益受損，於尚未確認前開契約真實前，本公司恐難支付任何款項，請諒察。

正本：○○○律師

～公司條戳～

3-4 覆律師債權讓與函 2

○○股份有限公司　　書函

連絡地址：231○○市○○路○號○樓
承辦人及電話：○○○　（02）8919-XXXX

受 文 者：○○法律事務所

發文日期：中華民國 97 年○月○日

發文字號：　字第　　　號

速別：

密等及解密條件：

附件：

主　　旨：請　貴當事人先證明確係民法第二百九十四條第二
項所稱之善意第三人乙事，請　查照。

說　　明：

一、覆　貴事務所 X.X.X　98○律字第○號函。

二、前開函文說明二（三）指稱　貴當事人係民法第二
百九十四條第二項所稱之善意第三人，縱有不得讓
與特約亦不得對抗云云。惟，貴當事人就否係善意
第三人本公司無從得知，請貴當事人先證明其為善
意第三人。

三、另，○○公司目前對本公司並無應收工程款，所謂
「債權讓與」乙事本公司至感不解，併此敘明。

正本：○○法律事務所

～公司條戳～

3-5 通知領取訴訟費用函

○○股份有限公司　　書函

連絡地址：231○○市○○路○號○樓
承辦人及電話：○○○　（02）8919-XXXX

受 文 者：

發文日期：中華民國 97 年○月○日

發文字號：　字第　　號

速別：

密等及解密條件：

附件：

主　　旨：請於文到三日內攜帶完整身份證明文件至本公司領
取訴訟費用，請查照。

說　　明：

一、兼覆 96.06.16 通律字第○號函。

二、請於文到三日內攜帶完整身份證明文件（公司變更
事項卡、登記印鑑等）至本公司領取訴訟費用，請
查照。

正本：○○機電工程有限公司
副本：○○法律事務所

～公司條戳～

4. 業主往來函文

4-1 檢討停工責任函

○○股份有限公司　　函

連絡地址：231○○市○○路○號○樓
承辦人及電話：○○○（02）8919-XXXX

受 文 者：○○工程顧問股份有限公司

發文日期：中華民國○年○月○日
發文字號：○字第○○號
速別：最速件
密等及解密條件：
附件：

主　　旨：覆　貴公司函指有關「○○機電工程」造成○○工
程部份停工之責任檢討，請查照。

說　　明：

一、覆　貴公司○年○月○日○工（營）字第○○號函。

二、前函指稱「因部份停工造成平行承商之損失，將依
機電工程契約規定檢討辦理」乙事，係因業主遲未
頒佈全部施工圖說非可歸責於我方，前開爭端業經
工程會以調○○號受理在案。

三、且機電採購合約第○條第○項規定有關配合施工問
題應由甲方（即業主）召集雙方協調解決，現業主
未積極協調解決似與民法第 507 條定作人協力義務
規定有違，據此率爾認定停工責任云云本公司殊難
甘服，請　貴公司建請業主儘速召開會議協調處理。

正本：○○工程顧問股份有限公司
副本：○○工程營產處

　　　　　　　　　　　～董事長　　○○○～

4-2 覆顧問公司函

○○股份有限公司　　書函

連絡地址：231○○市○○路○號○樓
承辦人及電話：○○○　（02）8919-XXXX

受 文 者：○○工程顧問股份有限公司

發文日期：中華民國　　年　月　日

發文字號：　　字第　　　號

速別：

密等及解密條件：

附件：如文

主　　旨：○○電腦股份有限公司與本公司請款糾葛業已進入
司法程序，但本公司定依約履行不致影響工進，請
查照。

說　　明：

一、覆　貴公司 X.X.X○交字第○號書函。

二、○○電腦股份有限公司與本公司因○○工程間給付
貨款乙事已進入司法程序（附件）。

三、於上開糾葛尚未釐清前本公司不便先行付款，但本
公司定依約履行不致影響工進，請　查照。

正本：○○工程顧問股份有限公司

～公司條戳～

4-3 釐清爭議前暫勿行動函

○○股份有限公司　　書函

連絡地址：231○○市○○路○號○樓
承辦人及電話：○○○　（02）8919-XXXX

受　文　者：○○銀行

發文日期：中華民國 97 年○月○日

發文字號：　字第　　　號

速別：

密等及解密條件：

附件：

主　　旨：於　貴我工程採購爭端尚未釐清前，請　貴公司暫
緩進行終止合約以外之行動，敬請惠辦並見覆。

說　　明：

一、為　貴我間工程爭議本公司已於 X.X.X 向行政院公
共工程委員會申請爭議調解，於前開爭端尚未釐清
前請　貴公司暫勿進行銀資字第 XXXX 號函文說明
二所稱事項。

二、如　貴公司於前開爭端尚未釐清前堅持一意孤行，
設若造成本公司任何損失，本公司將不排除採取一
切法律行動進行追索求償。

正本：○○銀行

～公司條戳～

4-4 請勿登錄不良廠商函

○○股份有限公司　　書函

連絡地址：231○○市○○路○號○樓
承辦人及電話：○○○　（02）8919-XXXX

受 文 者：○○銀行股份有限公司

發文日期：中華民國 100 年○月○日

發文字號：　　字第　　　　號

速別：

密等及解密條件：

附件： 如文

主　　旨：函請　貴公司於行政訴訟尚未確定前暫勿將本公司
　　　　　登錄於政府採購網履約不良廠商名單，請　惠予同意。

說　　明：

一、依 X.X.X 協調會議結論辦理。

二、本公司於 X.X 已向臺灣高等行政法院提起行政訴訟
在案（附件）。

三、現因　貴我雙方業已達成和解協議及請　貴公司體
恤商艱，特函請　貴公司於前開行政訴訟尚未確定前
暫勿將本公司登錄於政府採購網履約不良廠商名單。

正本：○○銀行股份有限公司

〜公司條戳〜

4-5 更換 PM 准予備查函

○○股份有限公司　　書函

連絡地址：231○○市○○路○號○樓
承辦人及電話：○○○　（02）8919-XXXX

受　文　者：○○工程顧問股份有限公司

發文日期：中華民國 97 年○月○日

發文字號：　字第　　　號

速別：

密等及解密條件：

附件：如文

主　　　旨：本公司計畫經理乙職自 98.03.01 由○○○先生升
任，請准予備查。

說　　　明：

本公司原計畫經理○○○因奉准退休，擬以原計畫
副理○○○先生升任計畫經理乙職，檢附○○○經
理簡歷如附件。

正本：○○工程顧問股份有限公司

～公司條戳～

4-6 釐清人員配置函

○○股份有限公司　　書函

連絡地址：231○○市○○路○號○樓
承辦人及電話：○○○　（02）8919-XXXX

受　文　者：○○銀行

發文日期：中華民國 97 年○月○日

發文字號：　　字第　　　號

速別：

密等及解密條件：

附件：

主　　旨：為釐清　貴公司指稱人員配置補正等疑義，請查照。

說　　明：

一、兼覆　貴公司 97.06.04 資程二字第 0970002XXXX
　　號函。

二、貴公司前開函略稱「依合約規範貴公司人員異動需
　　事先報請本行同意」云云，經查：合約內僅載明主
　　要工作人員異動需事先報請　貴公司同意，貴我對
　　合約認知似有不同。

正本：○○銀行

～公司條戳～

4-7 催告業主辦理工程清算函

○○股份有限公司　　書函

連絡地址：231○○市○○路○號○樓
承辦人及：○○○
電　　話：8919-XXXX

受 文 者：○○中心

發文日期：中華民國 100 年○月○日

發文字號：　字第　　　號

速別：

密等及解密條件：

附件：如文

主　　旨：催告　貴中心儘速與本公司辦理○○分案機電工程清算程序，請查照。

說　　明：

一、本公司○○○新店○○郵局第○號存證信函諒達。

二、本公司與貴中心間○○分案機電工程合約業經前開存證信函終止在案，貴我間合約關係已不存在。

三、現以此函催告　貴中心儘速與本公司辦理工程清算程序，如貴中心如不於函達後三十日內配合辦理，本公司將自行辦理公證後封存並撤除工務所手續。

正本：○○中心

～公司條戳～

5. 銀行往來函文

5-1 函覆保留款移轉函 1

○○股份有限公司　　書函

連絡地址：231 台北縣○○市○○路○號○樓
承辦人及電話：○○○8919-××××*××××

受 文 者：○○商業銀行○○分行

發文日期：中華民國 97 年○月○日
發文字號：　字第　　　號
速別：
密等及解密條件：
附件：

主　　旨：貴公司函請將○○有限公司保留款無條件轉移乙
　　　　　事，本公司礙難同意，請諒查。

說　　明：

一、兼覆 96.○.○彰○○字第××××號函。

二、○○有限公司已發生拒往情事，業該當本工程合約
第十七條終止合約情事；且據工地回報該公司已拒
絕進場修繕缺失，依合約規定所衍生一切損害賠償
均由該公司負責。

三、即令○○有限公司尚有保留款未曾領取，本公司現對
前開保留款主張抵銷；如有不足部分本公司將再向該
公司逕行追索，至　貴公司所請礙難同意，請諒查。

正本：○○商業銀行○○分行
副本：○○有限公司

～公司條戳～

5-2 函覆移轉保留款函 2

○○股份有限公司　　書函

連絡地址：231○○市○○路○號○樓
承辦人及電話：○○○　（02）8919-XXXX

受 文 者：○○商業銀行○○分行

發文日期：中華民國 97 年○月○日
發文字號：　字第　　　號
速別：
密等及解密條件：
附件：

主　　旨：貴公司函請將○○水電有限公司保留款無條件轉移
　　　　　乙事，本公司礙難同意，請諒查。

說　　明：

一、兼覆 96.08.15 彰○○字第 0970XXXX 號函。

二、本公司與○○水電有限公司終止合約，與本公司依
　　民法第三百三十五條行使抵銷權，二者並不相違
　　礙；且法令並未規定抵銷權究應於何時行使，即令
　　本公司於 XX 與其終止合約亦非謂 XX 行使抵銷權
　　為不合法之抵銷。

三、貴公司前開函文說明二指摘「本單位認　貴公司現階
　　段欲行使抵銷權之主張，顯不合常理，甚或係推託之
　　詞」云云，見解殊難謂當且對本公司有詆毀之意，請
　　即停止此種無理文書要求，否即依法追究，請諒查。

正本：○○商業銀行○○分行
副本：○○水電有限公司

～公司條戳～

5-3 暫勿列入逾放函

○○股份有限公司　　書函

連絡地址：231○○市○○路○號○樓
承辦人及電話：○○○○(02)8919-XXXX

受 文 者：○○銀行○○分行

發文日期：中華民國　年 月 日
發文字號：　字第　　號
速別：
密等及解密條件：
附件：

主　　旨：請　貴公司暫勿將本公司列入逾期記錄，否若造成
　　　　　本公司商譽損失定依法追究，懇請　惠辦並見覆。

說　　明：

一、貴公司前曾針對本公司承攬○○（股）公司之「○○
工程」案開立保固保證金連帶保證書乙紙，合先敘明。

二、查前開保證書期限至 96.10.03 止，而○○（股）公
司○○管理處於 96.10.19 以○字第○號書函（正本
諒達）告知 96.10.09 發現工程部分設備功能異常云
云，則系爭功能異常業已超過本公司保固期間。

三、本公司為維護與○○公司良好商誼，雖已過保固期
間仍盡力排除功能異常狀況，但此非本公司保固責
任所及亦非　貴公司所需負擔連帶保證責任甚明。

四、特函釐清前開爭端，並請　貴公司暫勿將本公司列
入逾期記錄，否若造成本公司商譽損失定依法追
究，懇請　惠辦並見覆。

正本：○○銀行○○分行、○○（股）公司○○管理處
副本：○○科技（股）公司

～公司條戳～

5-4 催告行庫解除圈存函

○○股份有限公司　　書函

連絡地址：231○○市○○路○號○樓
承辦人及電話：○○○　（02）8919-XXXX

受　文　者：○○商業儲蓄銀行○○分行

發文日期：中華民國○○年○○月○○日

發文字號：○管字第 XXXX 號

速別：特急件

密等及解密條件：

附件：如文

主　　旨：催告貴行限於今日（○月○日）中午十二點前解除
　　　　　對本公司帳戶圈存，以維本公司權益，惠請　配合
　　　　　辦理。

說　　明：

一、前　貴行為本公司承○○工程提供履約保證函在額
　　度新台幣二千萬範圍內為擔保；且本公司素為　貴行
　　往來優良客戶，貴行亦為本公司主力往來銀行之一。

二、現　貴行在未接獲業主書面通知前即將本公司帳戶
　　逕為凍結圈存，除與履約保證函條款規定有違外；
　　且已嚴重影響本公司正常財務調度及商譽，萬一致
　　使本公司票據未獲兌現將導致下游數十廠商面臨財
　　務危機（附件）。

三、現以此函催告　貴行限於○月○日十二點前解除對
　　本公司帳戶圈存，以維本公司權益，惠請　配合辦理。

正本：○○商業儲蓄銀行○○分行

～公司條戳～

5-5 行庫澄清履約爭議函

○○股份有限公司　　書函

連絡地址：231○○市○○路○號○樓
承辦人及電話：○○○　（02）8919-XXXX

受 文 者：

發文日期：中華民國　　年　　月　　日

發文字號：○管字第 XXXX 號

速別：

密等及解密條件：

附件：

主　　旨：為說明本公司與○○電腦股份有限公司間履約爭議
　　　　　乙事，特此澄清，請　查照。

說　　明：

一、○○電腦股份有限公司係承攬本公司○○工程下包
　　廠商。

二、本公司認與○○公司所簽立合約金額高過市場行情
　　甚多，曾多次與該公司協商惟該公司均悍然拒絕，
　　後本公司就該履約爭議部分向台北地院提出反訴要
　　求調降價金，現該案正於台北地院審理中（○年重
　　訴字第○號）。

正本：○○聯合商業銀行股份有限公司○○分公司等十二家行庫

～公司條戳～

二、常用書函類

5-6 暫勿履行保證責任函

○○股份有限公司　　書函

連絡地址：231○○市○○路○號○樓
承辦人及電話：○○○　（02）8919-XXXX

受 文 者：○○國際商業銀行股份有限公司○○分公司

發文日期：中華民國○　年○月○日

發文字號：　　字第　　　　號

速別：

密等及解密條件：

附件：

主　　旨：請貴公司先行照會法務部門及暫勿撥付履約保證金
　　　　　款項乙事，請　查照。

說　　明：

一、○○○律師 X.X.X 以○○郵局第○○號存證信函略謂：
受○○委託，通知　貴公司依 X.X.X 簽發之履約保證金
連帶保證書（編號 XXXX）連帶給付履約保證金乙事。

二、經查前開保證書第二條明訂「……一經<u>機關</u>書面通知本
行後」，但前開函文並非以機關名義發文，故其<u>並非合
法有效之書面通知</u>，如貴公司逕行撥付導致本公司權益
受損，恐傷及貴我商誼，<u>請先行照會貴公司法務部門</u>。

三、本公司與機關間無因管理及不當得利案件業已向○
○地方法院聲請提出訴訟求償；本公司將向法院聲
請假處分請求暫勿撥付履約保證金，或　貴公司亦
可直接至法院為清償提存。

正本：○○國際商業銀行股份有限公司○○分公司

～公司條戳～

109

5-7 通知依法免撥付履保函

○○股份有限公司　　書函

連絡地址：231○○市○○路○號○樓
承辦人及電話：○○○　（02）8919-XXXX

受　文　者：○○國際商業銀行股份有限公司○○分公司

發文日期：中華民國 97 年○月○日

發文字號：　字第　　　　號

速別：

密等及解密條件：

附件：如文

主　　旨：請　貴公司依法免撥付履約保證金予○○銀行，特
此通知，請　查照。

說　　明：

一、本公司向○○地方法院請求法院許可　貴公司免依編
號 CHG-XXX 履約保證金連帶保證書規定撥付新台幣
○○元履約保證金予第三人○○銀行，業蒙○○地
院核發 97 年度裁全字第○○號民事裁定（附件一）。

二、本公司業已辦妥提存手續及聲請假處分強制執行
（附件二），待法院正式通知後請　貴公司依法免
撥付履約保證金款項。

正本：○○國際商業銀行股份有限公司○○分公司

副本：○○銀行股份有限公司

～公司條戳～

5-8 通知繳足案款函

○○股份有限公司　　書函

連絡地址：231○○市○○路○號○樓
承辦人及電話：○○○　（02）8919-XXXX

受 文 者：

發文日期：中華民國 97 年○月○日
發文字號：　字第　　　號
速別：
密等及解密條件：
附件：如文

主　　旨：本公司已依法繳交○○地院 97 年度執字第 88XXX
　　　　　號案款乙事，請查照。

說　　明：

一、本公司與前員工○○○間給付資遣費案件，經台北
　　地院於本年八月間作成 97 年度店簡字○號和解筆
　　錄，詎料該二員逕自聲請強制執行，造成各家往來
　　銀行作業困擾，本公司謹致上最誠摯歉意。

二、本公司業於 97.09.26 將全部案款繳交○○地院收執
　　（如附件），請查照。○○地院會儘速發給解除扣
　　押命令，屆時尚祈遵造法院指示辦理。

正本：

～公司條戳～

5-9 覆行庫查詢函

○○股份有限公司　　書函

連絡地址：231○○市○○路○號○樓
承辦人及電話：○○○　（02）8919-XXXX

受 文 者：

發文日期：中華民國 99 年　月　日

發文字號：　字第　　號

速別：

密等及解密條件：

附件：

主　　旨：覆貴分行 99.01.21/99 復興字第 00XX 號函，請查照。

說　　明：

一、本公司與○○實業股份有限公司間債務糾葛業經臺
灣○○地方法院核發 98 年司執字第 54XXX 號債權
憑證在案。

二、本公司並未與○○公司解除合約，　貴分行認知恐
有違誤。

三、貴函其餘事項涉及本公司營業秘密，歉難提供。

正本：○○銀行○○分行

～公司條戳～

5-10 保密承諾書

保密承諾書

　　緣○○商業銀行股份有限公司（以下簡稱○○商業銀行）與××股份有限公司（以下簡稱××公司）針對知悉○○部○○分案台北地方法院 101 年全字第××號假處分裁定乙事（以下簡稱「保密資訊」），茲就該保密資訊聲明與承諾如下：

（一）○○商業銀行對於自××公司所知悉一切「保密資訊」之內容，應與其內部機密資料採取相同之注意與措施，且不得洩漏第三人其內容之全部或部分。

（二）○○商業銀行承諾，其負責人、董事、經理人編制內外員工或顧問，對於「保密資訊」之使用或利用，如因職務上需要予以評估、研議亦應嚴守保密義務。

　　謹致

××股份有限公司

_____

職稱：

公司：○○商業銀行股份有限公司

日期：101.○.○

5-11 行庫澄清假執行爭議函

○○股份有限公司　　書函

連絡地址：231○○市○○路○號○樓
承辦人及電話：○○○　（02）8919-XXXX

受 文 者：

發文日期：中華民國 100 年○月○日

發文字號：　字第　　　號

速別：

密等及解密條件：

附件：如文

主　　旨：為說明本公司與○○電器工程有限公司等間訴訟爭
議乙事，特此澄清，請　查照。

說　　明：

一、○○電器工程有限公司等係本公司承攬廠商，因與本
公司間返還不當得利訴訟案件，依台北地方法院 99
年重訴字第○號民事判決聲請法院假執行（即北院
100 年執子第○號執行命令），本公司因不服該判決聲
請上訴現由高等法院審理中（100 年重上字第○號）。

二、前開執行命令業於 12.21 由○○銀行扣足全部案款並
已依法陳報法院在案（附件），法院即將核發撤銷扣
押命令，請　　貴行庫於收受撤銷命令後依法辦理。

正本：○○商業銀行股份有限公司營業部等九家行庫

～公司條戳～

6. 債權追索書函

6-1 督促出面解決函

○○股份有限公司　　書函

連絡地址：231　○○市○○路○號○樓
承辦人及電話：○○○　（02）8919-XXXX

受　文　者：○○公司

發文日期：中華民國　　年　月　日
發文字號：　字第　　號
速別：
密等及解密條件：
附件：

主　　旨：請　貴公司督促○○工程（股）公司出面解決本公
　　　　　司債務乙事，請　惠予辦理。

說　　明：

一、貴公司前協同○○工程（股）公司開立本票○紙，
　　面額共計新台幣○○元，合先敘明。

二、○○工程（股）公司開立予本公司之工程款支票乙
　　紙（NT＄○○）業遭退票，本公司現正依循法律途
　　徑進行追索。

三、貴公司既為○○工程（股）公司之友好同業，懇請
　　督促該公司儘速出面與本公司協商解決債務。

正本：○○公司

～公司條戳～

6-2 請依判決給付函 1

○○股份有限公司　　書函

連絡地址：231○○市○○路○號○樓
承辦人及電話：○○○　（02）8919-XXXX

受　文　者：○○圖書館○○分館

發文日期：中華民國 98 年○月○日

發文字號：　　字第　　　號

速別：

密等及解密條件：

附件：如文

主　　旨：請　貴分館依台灣板橋地方法院○年建字第○號判
決給付款項乙事，惠請辦理並見覆。

說　　明：

一、兼覆　貴館○年○月○日圖總字第 098000XXXX 號函。

二、前開判決命　貴分館應給付本公司新台幣○○元，
本公司前函誤繕為加計利息，謹此　致歉。

三、另前開判決命　貴分館應負擔訴訟費用百分之一，
經本公司律師核算費用應為新台幣○○元（附件）。

四、現以此函催告　貴分館儘速將前開款項匯入本公司
○○商業儲蓄銀行○○分行帳戶，帳號 2910100
000XXXX。

正本：○○圖書館○○分館

～公司條戳～

6-3 請擲回發票函

○○股份有限公司　　書函

連絡地址：231○○市○○路○號○樓
承辦人及電話：○○○　（02）8919-XXXX

受　文　者：○○圖書館○○分館

發文日期：中華民國 97 年○月○日

發文字號：　　字第　　　號

速別：

密等及解密條件：

附件：

主　　旨：請　貴分館將本公司前函及發票擲回乙事，惠請辦理。

說　　明：

一、本公司前於 X.X.X 以○管字第 XXXX 號函促請　貴
分館依判決給付款項乙事，因本公司律師建議直接
提出上訴，故前函所請已無必要。

二、現以本函請求　貴分館將前開函文及請款發票擲
回，惠請辦理以利結案。

正本：○○圖書館○○分館

～公司條戳～

6-4 收取存款函 1

○○股份有限公司　　書函

連絡地址：231○○市○○路○號○樓
承辦人及電話：○○○　（02）8919-XXXX

受　文　者：有限責任○○信用合作社

發文日期：中華民國○年○月○日

發文字號：榮管字第 0970XXXX 號

速別：

密等及解密條件：

附件：　如文

主　　旨：為依法收取○○○存款債權事，請　惠予配合。

說　　明：

一、本公司前經桃園地院核發 97 年執字第 11XXX 號移
轉命令，針對債務人○○○（身份證字號：
H22092XXXX）於　貴公司存款債權於新台幣○○
元範圍內，准許本公司逕向　貴公司收取。

二、現檢附本公司上海商銀新店分行存摺影本乙份，請
貴公司　惠予依法將前開款項逕自匯入該帳戶，需
配合事項請洽經辦（02）8919-XXXX，請查照。

正本：有信責任○○信用合作社

～公司條戳～

6-5 收取存款函 2

○○股份有限公司　　書函

連絡地址：231○○市○○路○號○樓
承辦人及電話：○○○　（02）8919-XXXX

受　文　者：○○商業銀行股份有限公司○○分公司

發文日期：中華民國 97 年○月○日

發文字號：　字第　　　號

速別：

密等及解密條件：

附件：如文

主　　旨：茲因依法收取○○營造股份有限公司（統一編號：3652XXXX）存款債權乙事，請惠予配合辦理。

說　　明：

一、本公司與　貴行客戶○○營造股份有限公司間給付票款強制執行事件業經台北地方法院核發97年度執天字第55XXX 號執行命令（附件一），准許本公司向　貴行收取該戶存款債權 NT＄○○（請先扣除手續費及匯費）。

二、請前開款項逕自匯入本公司於上海商銀新店分行 2910100000XXXX 號帳戶（附件二），請惠予配核辦理。

正本：○○商業銀行股份有限公司○○分公司

〜公司條戳〜

6-6 通知銀行沒收履保函

○○股份有限公司　　書函

連絡地址：231○○市○○路○號○樓
承辦人及電話：○○○　（02）8919-XXXX

受　文　者：○○商業銀行○○分行
發文日期：中華民國 97 年　月　日
發文字號：　字第　　號
速別：
密等及解密條件：
附件：如文

主　　旨：通知　貴分行請依履約保證金連帶保證書給付保證
　　　　　金乙事，請　惠予辦理並見覆。

說　　明：

一、本公司 99.01.19 榮機字第 0990XXXX 號書函諒達。

二、貴分行前曾開立履約保證金連帶保證書，擔保○○
科技（股）公司承攬本公司「○○安裝工程」契約
之履行，查該公司經本公司催告仍未依約更換擔保
品，而認係該當不發還履約保證金之情事。

三、現依前開保證書規定以書面通知　貴分行，限於文到
五日內將履約保證金 NT＄○○逕自匯入本公司上海
銀行新店分行帳戶2910100000XXXX，請　惠予辦理。

正本：○○商業銀行○○分行
副本：○○科技股份有限公司

～公司章戳～

6-7 請配合收取薪資函

○○股份有限公司　　書函

連絡地址：231○○市○○路○號○樓
承辦人及電話：○○○　（02）8919-XXXX

受 文 者：○○股份有限公司

發文日期：中華民國 97 年○月○日

發文字號：　字第　　　號

速別：

密等及解密條件：

附件：如文

主　　旨：為依法收取○○○薪資款項債權乙事，請　惠予配合。

說　　明：

一、本公司前經桃園地院核發 97 年司執字第 57XXX 號
移轉命令，針對債務人○○○（身份證字號：
T12263XXXX）對　貴公司之各項勞務報酬於三分
之一範圍內，准許本公司逕向　貴公司為收取。

二、現檢附本公司上海商銀新店分行存摺影本乙份，請
貴公司　惠予依法將前開款項逕自匯入該帳戶，需
配合事項請洽經辦（02）8919-XXXX，請查照。

正本：○○股份有限公司

～公司條戳～

6-8 請說明假扣押情形函

○○股份有限公司　　書函

連絡地址：231○○市○○路○號○樓
承辦人及電話：○○○　（02）8919-XXXX

受 文 者：○○工業股份有限公司

發文日期：中華民國　　年　月　日

發文字號：　字第　　　號

速別：

密等及解密條件：

附件： 如文

主　　　旨：請說明台中地院 95 年執全助○號假扣押案辦理情形，懇請　惠辦並見覆。

說　　　明：

一、本公司為○○科技股份有限公司之債權人，且業經士林地方法院核發債權憑證在案，合先敘明。

二、但前經台中地方法院來函（附件）：略謂　貴公司並未回覆有無扣押。

三、現為查清有無續行追索必要，特函請　貴公司惠予說明。如　貴公司未理會法院查扣命令而續動撥款項，恐有該當刑法第一百三十九條違背查封效力罪疑慮，敬請諒查。

正本：○○工業股份有限公司

～公司條戳～

6-9 行使抵銷權函

○○股份有限公司　　書函

連絡地址：231○○市○○路○號○樓
承辦人及電話：○○○　（02）8919-XXXX

受 文 者：○○工程有限公司

發文日期：中華民國 100 年○月○日

發文字號：　字第　　　號

速別：

密等及解密條件：

附件：

主　　旨：本公司行使抵銷權，請查照。

說　　明：

　　一、貴公司承攬本公司「○○排水工程道路銑刨加鋪工程」，合先敘明。

　　二、經查，因　貴公司已該當終止合約要件，本公司現以此函聲明依民法規定對前開工程保留款行使抵銷權。

正本：○○工程有限公司

〜公司條戳〜

6-10 抵銷書函 2

○○股份有限公司　　書函

連絡地址：231○○市○○路○號○樓
承辦人及電話：○○○　（02）8919-XXXX

受　文　者：○○機電工程股份有限公司

發文日期：中華民國 99 年○月○日

發文字號：　　字第　　　號

速別：

密等及解密條件：

附件：

主　　　旨：通知本公司行使抵銷權乙事如說明，請查照。

說　　　明：

　　　　　為通知抵銷　貴公司溢付信用狀開狀手續費 NT＄
　　　　　○○（未稅）乙事，

正本：○○機電工程股份有限公司

　　　　　　　　　　　　　　　　～公司條戳～

6-11 抵銷存函

郵 局 存 證 信 函 用 紙

<table>
<tr><td rowspan="3">副 正
本</td><td rowspan="3">郵　　局

存證信函第　　號</td><td rowspan="2">一、寄件人</td><td>姓名：○○股份有限公司　負責人：○○○　㊞</td></tr>
<tr><td>詳細地址：新北市○○區○○路○號○F</td></tr>
<tr><td rowspan="2">二、收件人</td><td>姓名：○○國際股份有限公司</td></tr>
<tr><td></td><td></td><td>詳細地址：台北市○○路○號○F</td></tr>
</table>

三、副 本　姓名：
　　收件人　詳細地址：
　　　　　（本欄姓名、地址不敷填寫時，請另紙聯記）

格 行	1	2	3	4	5	6	7	8	9	10	11	12	13	14	15	16	17	18	19	20
一	敬	啓	者	：																
二		台	端	承	攬	本	公	司	○	○	分	案	○	○	設	備	等	工		
三	程	，	前	遭	本	公	司	終	止	合	約	，	且	經	台	北	地	方	法	院
四	核	發	100	年	司	票	字	第	○	號	本	票	裁	定	暨	確	定	證	明	
五	在	案	。																	
六		現	經	查	台	端	於	本	公	司	尚	有	未	結	清	款	項	合	計	
七	共	新	台	幣	1,867,324			元	，	特	以	此	函	向	台	端	聲	明	行	
八	使	抵	銷	權	。	其	餘	不	足	部	分	，	至	盼	台	端	儘	速	出	面
九	協	調	清	償	，	切	勿	自	誤	爲	禱	。								
十																				

本存證信函共　　頁，正本　　份，存證費　　元，
　　　　　　　　　　副本　　份，存證費　　元，
　　　　　　　　　　附件　　張，存證費　　元，
　　　　　　　　　　加具副本　　份，存證費　　元，合計　　元。
　　經　　郵局
　　年　月　日證明正本內容完全相同　郵戳　經辦員
　　　　　　　　　副　　　　　　　　　　主管　㊞

黏　　　貼

郵　票　或
郵　資　券

備　　一、存證信函需送交郵局辦理證明手續後始有效，自交寄之日起由郵局保存之
　　　　　副本，於三年期滿後銷燬之。
　　　二、在　頁　行第　格下　塗改　字　㊞（如有修改應填註本欄並蓋用
註　　　　　　　　　　　　　　　增刪　　　寄件人印章，但塗改增刪
　　　　　　　　　　　　　　　　　　　　　每頁至多不得逾二十字。）
　　　三、每件一式三份，用不脫色筆或打字機複寫，或書寫後複印、影印，每格限
　　　　　書一字，色澤明顯、字跡端正。

處

騎縫郵戳　　　　　　騎縫郵戳

6-12 實行質權函 1

○○股份有限公司　　書函

連絡地址：231○○市○○路○號○樓
承辦人及電話：○○○　（02）8919-XXXX

受　文　者：○○銀行○○分行
發文日期：中華民國 97 年○月○日
發文字號：　字第　　　號
速別：
密等及解密條件：
附件：如文
主　　　旨：茲因更換本公司印鑑及實行質權事，請惠予配合辦理。
說　　　明：
一、前　貴行客戶○○企業有限公司提供定存單（號
　　碼：023-011-5872XXX-2）質押予本公司作為擔保，
　　經　貴行以 95.11.15 函覆辦妥質權設定。
二、現因該戶已發生違約情事，本公司將對前開存單實
　　行質權，但因本公司業已更換負責人，恐與原留存
　　印鑑不符，特檢附本公司變更事項登記卡乙份（正
　　本驗畢後請擲還），惠請辦理更換印鑑式樣手續。
三、現特委任本公司職員○○○先生（身份證字號：
　　Y12028XXXX）辦理實行質權手續。
四、請將實行質權後款項逕自匯入本公司於上海商銀新
　　店分行 2910100000XXXX 號帳戶（附件）。

正本：○○銀行○○分行

～公司條戳～

6-13 法院通知質權人參與分配函

臺灣○○地方法院民事執行處通知

地　　　址：○○市○○路○○號
承 辦 人：○股書記官
聯絡方式：(02)89193866 轉 283

發文日期：中華民國 99 年○月○日
發文字號：○院○○年度司執○字第 713X 號
速別：
密等及解密條件：
附件：如文

受 文 者：○○股份有限公司

主　　　旨：台端得於本件執行程序終結前，具狀聲明參與分配，請查照。

說　　　明：

一、本院○○年度司執字第 713X 號債權人○○商業銀行股份有限公司與債務人股份有限公司間清償債務強制執行事件，債權人○商業銀行股份有限公司聲請執行債務人對第三人××商業銀行股份有限公司○○分公司之存款債權。

二、依強制執行法第 34 條第 3 項規定辦理。

三、台端為上開動產之質權人，請陳明質權擔保之債權是否存在及其數額，並檢具債權及質權證明文件正本聲明參與分配。

四、聲明書狀需載明第一項執行案號、債權人及債務人姓名。

正本：質權人　○○股份有限公司
　　　　　　　設○○市○○路○號○樓

司法事務官　　　○○○

6-14 實行質權函 2

○○股份有限公司　　書函

連絡地址：231○○市○○路○號○樓
承辦人及電話：○○○　（02）8919-XXXX

受 文 者：○○商業銀行○○分行

發文日期：中華民國 97 年　月　日
發文字號：　字第　　號
速別：
密等及解密條件：
附件：如文

主　　旨：茲因本公司實行質權，惠請　配合辦理。

說　　明：

一、前　貴行客戶○○企業有限公司提供定存單（號
　　碼：HA38264XXX）質押予本公司作為擔保，經　貴
　　行 97.01.07 函覆辦妥質權設定在案（附件）。

二、現因該戶已發生違約情事，本公司將對前開存單實
　　行質權，現特委任本公司職員○○○（身份證字號：
　　Y12028XXXX）辦理實行質權手續。

三、請將實行質權後款項逕自匯入本公司於上海商業儲
　　蓄銀行新店分行 2910100000XXXX 號帳戶。

正本：○○商業銀行○○分行
副本：○○企業有限公司

～公司條戳～

6-15 撤回實行質權函

○○股份有限公司　　書函

連絡地址：231○○市○○路○號○樓
承辦人及電話：○○○　（02）8919-XXXX

受　文　者：○○銀行○○分行

發文日期：中華民國 97 年○月○日

發文字號：　字第　　　號

速別：

密等及解密條件：

附件：

主　　旨：茲因撤回實行質權事，請查照。

說　　明：

一、本公司前於 97.09.02 以○○字第 0970XXXX 號書函
通知將對　貴行客戶○○企業有限公司提供之定存
單實行質權乙事。

二、現因本公司業與○○企業有限公司達成協議，特以
此函通知　貴行撤回前開實行質權之請求，請查照。

正本：○○銀行○○分行

～公司條戳～

6-16 請依法支付保固款函

○○股份有限公司　　書函

連絡地址：231○○市○○路○號○樓
承辦人及電話：○○○　（02）8919-XXXX

受 文 者：○○市政府工務局新建工程處

發文日期：中華民國○年○月○日

發文字號：榮管字第 0970XXXX 號

速別：

密等及解密條件：

附件：如文

主　　旨：請依法將○○營造股份有限公司保固工程款向法院
　　　　　支付事，請　惠予配合。

說　　明：

一、本公司前經台北地院 97.04.18 核發 97 年執字第
　　14XXX 號附條件扣押命令（附件），針對債務人○○
　　營造股份有限公司承攬　貴處○○工程之保固款債
　　權，請　貴處將保固結束後將款項向台北地院支付。

二、經電聯　貴處北區工務所○主任告知：前開工程已
　　於五月下旬保固結束，特函促請　貴處依法將保固
　　工程款向法院支付。

正本：○○市政府工務局新建工程處

～公司條戳～

6-17 通知銀行沒收履保函 2

○○股份有限公司　　書函

連絡地址：231○○市○○路○號○樓
承辦人及電話：○○○　（02）8919-XXXX

受 文 者：○○商業銀行○○分行

發文日期：中華民國 99 年　月　日
發文字號：　字第　　　號
速別：
密等及解密條件：
附件：如文

主　　旨：通知　貴分行請依履約保證金連帶保證書給付保證
金乙事，請　惠予辦理並見覆。

說　　明：

一、貴分行前曾開立履約保證金連帶保證書（附件），
擔保○○工程（股）公司承攬本公司「○○工程」
契約之履行，查該公司業經本公司終止合約，而認
係該當不發還履約保證金之情事。

二、現依前開保證書規定以書面通知　貴分公司，限於
文到三日內將履約保證金 NT＄○○逕自匯入本公
司上海銀行新店分行帳戶 2910100000XXXX，請
惠予辦理。

正本：○○商業銀行○○分行
副本：○○工程股份有限公司

〜公司條戳〜

6-18 催告銀行給付履保函

○○股份有限公司　　書函

連絡地址：231 ○○市○○路○號○樓
承辦人及電話：○○○　（02）8919-XXXX

受 文 者：○○商業銀行股份有限公司○○部

發文日期：中華民國 99 年　月　日
發文字號：　字第　　號
速別：
密等及解密條件：
附件：

主　　旨：催告　貴公司儘速給付履約保證金及利息，覆請查照。
說　　明：

一、兼覆　貴部99.03.02○○字第09920000XXXX號函。

二、依最高法院判決及實務通說均認銀行履約保證書性質係為銀行之付款承諾，其特徵為 1.業主通知銀行時，銀行必須按通知金額即時付款。2.業主毋庸檢具任何證明損失之證據。3.銀行放棄民法保證所規定之抗辯權。（最高法院 92 年度台上字第 2165 號民事裁定參照）

三、前函指稱「實有瞭解終止契約之理由，如何該當不發還履約保證金情事」云云，未依本公司指示給付履約保證金，實與工程實務及履約保證書之付款承諾之性質大相違誤。

四、現以此函催告　貴公司儘速給付履約保證金及自 99.02.12 起按年息 5%計算之利息，否即依法追償並通報本公司大股東等，請其諭知轉投資單位拒收貴公司開立之履約保證函。

正本：○○商業銀行股份有限公司○○部

～公司章戳～

6-19 催告給付款函

○○股份有限公司　　書函

連絡地址：231○○市○○路○號○樓
承辦人及電話：○○○　（02）8919-XXXX

受 文 者：○○中心

發文日期：中華民國 100 年○月○日

發文字號：　　字第　　　號

速別：

密等及解密條件：

附件：如文

主　　旨：催告　貴中心給付○○分案機電工程計價款項，請
　　　　　查照。

說　　明：

　　一、前開工程本公司原開立發票（附件）向　貴中心請領
　　　　第○到第○期計價款，但貴中心迄未給付前開款項。

　　二、現以此函催告　貴中心限於函到七日內給付前開款
　　　　項；否亦請貴中心退還發票或開立折讓單，以利本
　　　　公司辦理退稅。

　　三、若　貴中心均拒不配合，本公司將與顧問律師討論
　　　　貴中心所為是否違反商業會計法等罪嫌。

正本：○○中心

～公司條戳～

6-20 再次催告給付函

○○股份有限公司　　書函

連絡地址：231○○市○○路○號○樓
承辦人及電話：○○○　（02）8919-XXXX

受　文　者：○○中心

發文日期：中華民國100年○月○日
發文字號：　字第　　號
速別：
密等及解密條件：
附件：如文

主　　旨：再次催告　貴中心儘速依仲裁判斷給付，請惠予辦理。
說　　明：

一、本公司○.○.○台北○支郵局第○號存證信函諒達。

二、本公司與貴中心間關於 FRCV 電纜款項事件業經做成○年仲聲仁字第○號仲裁判斷，主文內載明貴中心應給付電纜款項及負擔仲裁費用。

三、前已催告　貴中心但迄今尚未收訖前開款項，本公司業向法院聲請核發准許強制執行裁定（附件），現以此函再次催告。

正本：○○中心

～公司條戳～

二、常用書函類

6-21 催告出面解決存函

郵 局 存 證 信 函 用 紙

副 正本				
	郵　　局	一、寄件人	姓名：○○股份有限公司　負責人：○○○　㊞	
			詳細地址：新北市○○區○○路○號○F	
存證信函第　　號		二、收件人	姓名：○　○　○	
			詳細地址：○○縣○○鄉○○街○號○樓	
		三、副本收件人	姓名：	
			詳細地址：	
			（本欄姓名、地址不敷填寫時，請另紙聯記）	

格行	1	2	3	4	5	6	7	8	9	10	11	12	13	14	15	16	17	18	19	20
一	敬	啓	者	：																
二			台	端	前	於	高	雄	地	檢	署	作	證	時	證	稱	係	台	端	本
三	人	於	金	額	新	台	幣	○	仟	萬	之	履	約	保	證	本	票	上	蓋	立
四	「	○	○	○	」	之	印	章	，	台	端	亦	證	稱	此	簽	發	票	據	行
五	為	未	經	○	○	○	本	人	之	授	權	或	同	意	，	查	台	端	行	為
六	業	已	該	當	刑	法	偽	造	有	價	證	券	罪	。						
七			現	本	公	司	決	追	究	台	端	相	關	民	、	刑	事	責	任	，特
八	函	催	告	台	端	限	於	函	到	五	日	內	與	經	辦	法	務	（	02	）
九	89	19	-	×	×	×	×	協	調	解	決	，	否	即	依	法	追	究	，絕	不寬貸。
十																				

本存證信函共　　頁，正本　　份，存證費　　元，
　　　　　　　　　副本　　份，存證費　　元，
　　　　　　　　　附件　　張，存證費　　元，
　　　　　　　加具副本　　份，存證費　　元，合計　　元。

經　　　郵局
年　月　日證明正本內容完全相同　㊞

備註：
一、存證信函需交郵局辦理證明手續後始有效，自交寄之日起由郵局保存之副本，於三年期滿後銷燬之。
二、在　頁　行第　格下塗改　　字　　如有修改應填註本欄並蓋用寄件人印章，但塗改增刪增刪　　每頁至多不得逾二十字。
三、每件一式三份，用不脫色筆或打字機複寫，或書寫後複印、影印，每格限書一字，色澤明顯、字跡端正。

黏　　貼

郵　票　或
郵　資　券

處

騎縫郵戳　　　　　騎縫郵戳

135

7. 雜項文書

7-1 通知加計遲延罰款函

○○股份有限公司　　書函

連絡地址：231 台北縣○○市○○路○號○樓
承辦人及電話：○○○8919-××××*××××

受　文　者：○○有限公司

發文日期：中華民國 97 年○月○日
發文字號：　字第　　　號
速別：
密等及解密條件：
附件：

主　　旨：通知　貴公司自即日起按日計罰每日千分之五之遲
　　　　　延罰款，請查照。

說　　明：

一、貴公司前與本公司簽立「採購○○系統案」合約，
　　合約第八條內載明貴公司應於接獲本公司訂購單後
　　45 曆天日內完成交貨程序，合先敘明。

二、現因　貴公司遲延交貨程序業已該當前開條文，爰
　　依合約第十三條通知將自即日起按日計罰貴公司每
　　日千分之五之遲延罰款，請查照。

正本：○○有限公司

～公司條戳～

7-2 解僱及催告移交函

郵 局 存 證 信 函 用 紙

<table>
<tr><td rowspan="3">副 正
本</td><td rowspan="3">郵　局

存證信函第　　　號</td><td>一、寄件人</td><td>姓名：○○股份有限公司 負責人　○○○　　　㊞
詳細地址：231 台北縣○○市○○路○號○樓</td></tr>
<tr><td>二、收件人</td><td>姓名：○ ○ ○
詳細地址：○○市○○里○巷○號</td></tr>
<tr><td>三、副　本
　收件人</td><td>姓名：
詳細地址：
（本欄姓名、地址不敷填寫時，請另紙聯記）</td></tr>
</table>

格行	1	2	3	4	5	6	7	8	9	10	11	12	13	14	15	16	17	18	19	20
一	敬	啓	者	：																
二		經	查	台	端	自	○	○	年	○	月	○	日	起	迄	今	，	已	有	
三	曠	職	三	日	以	上	之	事	實	，	本	公	司	現	依	勞	基	法	規	定
四	通	知	台	端	自	○	○	年	○	月	○	日	起	予	以	解	僱	。		
五		惟	台	端	前	所	負	責	之	職	務	內	容	，	涉	有	重	大	國	
六	防	機	密	，	故	特	函	催	告	台	端	於	文	到	○	日	內	，	速	至
七	本	公	司	○	○	工	務	所	辦	理	移	交	程	序	，	否	則	本	公	司
八	將	依	法	處	置	或	告	發	，	以	維	公	司	權	益	，	希	勿	自	誤
九	爲	禱	！																	
十																				

本存證信函共　　頁，正本　　份，存證費　　　元，
　　　　　　　　　　　副本　　份，存證費　　　元，
　　　　　　　　　　　附件　　張，存證費　　　元，
　　　　　　　　　　　加具副本　份，存證費　　元，合計　　元。

經　　　　郵局
　年　月　日證明正本內容完全相同　　郵戳　　經辦員
　　　　　　　　　　　　　副　　　　　　　　主管　　　㊞

黏　　　貼

郵　票　或
郵　資　劵

處

備
註

一、存證信函需送交郵局辦理證明手續後始有效，自交寄之日起由郵局保存之副本，於三年期滿後銷燬之。

二、在　　頁　　行第　　格下塗改增刪　　字（如有修改應填註本欄並蓋用寄件人印章，但塗改增刪每頁不得逾二十字）㊞

三、每件一式三份，用不脫色筆或打字機複寫，或書寫後複印、影印，每格限書一字，色澤明顯、字跡端正。

騎縫郵戳　　　　　騎縫郵戳

7-3 撤銷登記函

○○股份有限公司　　書函

連絡地址：231 台北縣○○市○○路○號○樓
承辦人及電話：○○○8919-××××*××××

受 文 者：經濟部

發文日期：中華民國　　年　月　日
發文字號：　　字第　　　號
速別：
密等及解密條件：
附件：如文

主　　旨：為請求撤銷本公司法人代表○○○君擔任○○科技
　　　　　股份有限公司董事之登記，請依法辦理並見覆。

說　　明：

一、大部 96 年 3 月 3 日經授中字第 0963175XXXX 號函
　　文敬悉。

二、孰謂日前本公司赫然發現大部之網站資料（如附件）
　　迄未依法將前開董事資料加以撤銷。

三、大部未依法登記對本公司權益損傷甚鉅，本公司甚
　　或已接多筆○○科技股份有限公司欠稅通知，懇請
　　大部儘速依法辦理撤銷登記。

正本：經濟部

～公司條戳～

7-4 同意債權讓與函

○○股份有限公司　　書函

連絡地址：231○○市○○路○號○樓
承辦人及電話：○○○　（02）8919-XXXX

受 文 者：○○股份有限公司

發文日期：中華民國 99 年○月○日

發文字號：　字第　　　號

速別：

密等及解密條件：

附件：

主　　旨：本公司同意　貴公司所請債權讓與如說明，請查照。

說　　明：

一、覆　貴公司 99.12.02 東電文字第 01012×××號函。

二、本公司同意　貴公司函請將承攬本公司「○○工程」
案之應收帳款讓與第三人○○股份有限公司。

正本：○○股份有限公司

～公司條戳～

7-5 催告履行保固責任函

○○股份有限公司　　書函

連絡地址：231○○市○○路○號○樓
承辦人及電話：○○○　（02）8919-XXXX

受 文 者：○○電子有限公司

發文日期：中華民國　　年　月　日

發文字號：　字第　　　號

速別：最速件

密等及解密條件：

附件：

主　　旨：請速履行○○維護保固事宜，特此催告，請查照！

說　　明：

一、兼覆　貴公司○○年○月○日○字第○號函。

二、本公司承攬○○工程案，採用　貴公司所提供之○
○設備，其中有關○○是否歸類為耗材目前本公司
仍持續與業主溝通中。

三、於前開爭端尚未釐清前，依約　貴公司不得以已無○○庫
存云云拒絕提供，亦不得片面取消維護及保固事宜。

四、現特以此函催告　貴公司於文到○日內儘速依約進
行維護及保固作業，否即依約終止前開合約及追究
衍生損害賠償責任。

正本：○○電子有限公司

～公司條戳～

7-6 釐清聯合承商扣抵疑慮函

○○股份有限公司　　書函

連絡地址：231○○市○○路○號○樓
承辦人及電話：○○○　（02）8919-XXXX

受　文　者：○○縣政府水利局

發文日期：中華民國　　年　月　日
發文字號：　字第　　　號
速別：
密等及解密條件：
附件：

主　　旨：為釐清本公司聯合承攬廠商○○營造股份有限公司
　　　　　款項遭　貴府扣抵適法疑慮事，惠請　查明並見覆。

說　　明：

一、本公司承攬　貴府「基隆河初期治理計畫○○工程」
　　合先敘明。

二、本公司前向　貴府函索該工程未支付尾款，　貴府
　　於 92 年 10 月 15 日北府水排字第 092060XXXX 號
　　函答覆本公司將原土建第二廠商○○公司積欠款項
　　扣抵 NT＄○○。

三、查民法第三百十五條規定「抵銷，應以意思表示為
　　之。」，其反面解釋即為：若無意思表示，該抵銷
　　即不生效力。再者，前開函文提及：○○地方法院
　　於 90 年 10 月 4 日及 91 年 4 月 22 日二次核發扣押
　　令，於核發扣押令後主張抵銷恐亦該當刑法第一百
　　三十九條違背查封效力罪之嫌。

四、茲為釐清前開適法疑慮，惠請　貴府提供抵銷意思
　　表示之送達證明，否當依法向板橋地檢署提出告發。

正本：○○縣政府水利局

～公司條戳～

7-7 函詢提存款項函

○○股份有限公司　　書函

連絡地址：231　台北縣○○市○○路○號○樓
承辦人及電話：○○○8919-×××× * ××××

受 文 者：○○地方法院提存所

發文日期：中華民國　　年　月　日
發文字號：　　字第　　　號
速別：
密等及解密條件：
附件：

主　　旨：○○縣政府函覆本公司提存○○股份有限公司扣押
　　　　　金額 NT＄○○，請惠予查明並見覆。

說　　明：

一、本公司承攬○○縣政府「○○河初期治理工程」，
　　本公司前向○○縣政府函索未支付尾款。

二、經○○縣政府告知土建第二廠商○○股份有限公
　　司，業已遵循　鈞院指示將扣抵後工程款金額 NT＄
　　○○提存至　貴所。

三、現因本公司亟需瞭解該工程款項有無遭其他債權人
　　提領，特函詢　貴所請惠予查明並見覆。

正本：○○地方法院提存所

〜公司條戳〜

7-8 請出具提存書影本函

○○股份有限公司　　書函

連絡地址：231○○市○○路○號○樓
承辦人及電話：○○○　（02）8919-XXXX

受 文 者：○○縣政府水利局
發文日期：中華民國　　年　月　日
發文字號：　　字第　　　號
速別：
密等及解密條件：
附件：　如文

主　　旨：懇請　貴局出具提存 NT＄○○至法院之提存書影本，請惠予查明並見覆。

說　　明：

一、兼覆　貴局97年1月10日北水工字第096079XXXX號函。

二、本公司承攬　貴府「基隆河初期治理計畫○○工程」，　貴府前 92 年 10 月 15 日北府水排字第092060XXXX 號函覆：因土建第二廠商○○營造股份有限公司款項業遭抵扣，剩餘金額 NT＄○○將提存至法院。

三、因本公司函詢○○地方法院提存所前開問題，○○地方法院提存所函覆並未有如　貴局所稱之提存（附件），為釐清前開疑義，懇請　貴局惠予提供提存書影本。

正本：○○縣政府水利局

～公司條戳～

7-9 廠商異常訊息通報單

廠商異常訊息通報單

通報單位	□管理部　□財務部　□稽核室　　□　　事業群
經辦單位	
廠商名稱	
契約編號／名稱	

異常項目	說明
壹、違約 貳、信用低落：□跳票 □倒閉 □破產 □停業、歇業或被吊銷營業執照或撤銷登記 □遲延付款 □假扣押、假處分、假執行、強制執行 □聲請和解、調解 □其他	摘要說明：
參、其他異常情事：□負責人／保證人死亡、失蹤 □連帶保證人之保證能力顯為不足 □未經本公司同意，逕自將對本公司之帳款讓與、質押予第三人 □要求變更交易條件 □要求本公司增加預借工程款、墊支費用 □	處置方案： 檢附附件：

經辦　　　　　　　　　　單位主管

二、常用書函類

7-10 本票格式

本票

一、憑票准於中華民國　　年　　月　　日交付
　　○○股份有限公司或其指定人
　　新台幣　　　佰　拾萬元整。
二、本本票免除作成拒絕證書及通知義務。
三、本本票利息按年利率百分之二十計算。
四、本本票付款地為台北市。

　　　　共同發票人：
　　　　統 一 編 號：
　　　　住　　　址：

　　　　共同發票人：
　　　　統 一 編 號：
　　　　住　　　址：

　　　　共同發票人：
　　　　身份證字號：
　　　　住　　　址：

　　　　共同發票人：
　　　　身份證字號：
　　　　住　　　址：

中 華 民 國　　　　年　　　　月　　　　日

145

7-11 授權書格式

授權書

　　緣立授權書人等為擔保現在及將來與　貴公司間契約義務之履行，共同簽發本票乙紙交予貴公司收執，因事實需要，該本票之到期日未予填載，爰特立此授權書，授權　貴公司於立書人有違約或拒不履行給付義務情事，得逕行填入到期日，以行使票據上之權利，共同發票人等絕無異議。

　　此　致
榮電股份有限公司

　　立 授 權 書 人：
　　即本票發票人：
　　住　　　　址：

　　立 授 權 書 人：
　　即本票發票人：
　　住　　　　址：

　　立 授 權 書 人：
　　即本票發票人：
　　住　　　　址：

　　立 授 權 書 人：
　　即本票發票人：
　　住　　　　址：

中 華 民 國　　　　　年　　　　　月　　　　　日

7-12 大本票填寫規範

本票不得塗改

本票

此日期空白不填

範本

一、憑票准於中華民國　　　年　　　月　　　日交付
榮電股份有限公司或其指定人

新台幣　履約：契約總價（含稅）百分比　　元整。
　　　　保固：結算總價（含稅）百分比

二、本本票免除作成拒絕證書及通知義務。

三、本本票利息按年利率百分之二十計算。

四、本本票付款地為台北市。

共同發票人　：協力商公司名稱
統 一 編 號：協力商公司統編
住　　　址：協力商公司登記地址

協力商
公司印鑑

負責人
印鑑

（連帶保證商）
★ 保證商與協
力商資本額
需相當

共同發票人　：連帶保證商公司名稱
統 一 編 號：連帶保證商公司統編
住　　　址：連帶保證商公司登記地址

連帶保證商
公司印鑑

負責人
印鑑

負責人
印鑑

印鑑要
相同

共同發票人　：協力商負責人姓名
身份證字號：協力商負責人身份證字號
住　　　址：協力商負責人住址

負責人
印鑑

印鑑
要相
同

（連帶保證商）
之負責人

共同發票人　：連帶保證商負責人姓名
身份證字號：連帶保證商負責人身份證字號
住　　　址：連帶保證商負責人住址

發票日必填，此日期與授權書同天

中　華　民　國　　　　年　　　　月　　　　日

147

★ 本票及授權書上之印鑑請蓋用變更事項登記表上相同之登記印鑑，如欲以其它印
　鑑替代，需填寫榮電公司「印鑑式約定書」，方可做為替代。

★ 協力商及連帶保證商皆必須檢附：

　1. 變更事項登記表抄錄本 2.負責人身份證影本 3.營利事業登記證影本

　4. 完稅證明 5.無退票證明

★ 保固須檢附榮電公司「保固切結書」。

★ 非公司組織之營利事業（如工程行、企業社等），除其負責人外應多徵提乙名共
　同發票人（負責人及共同發票人使用之小章並應檢附戶政機關印鑑證明）。

詢問電話(02)8919-5168 轉 5267

7-13 授權書填寫規範

授權書

範本　　　緣立授權書人等為擔保現在及將來與　貴公司間契約義務之履行，共同簽發本票乙紙交予貴公司收執，因事實需要，該本票之到期日未予填載，爰特立此授權書，授權　貴公司於立書人有違約或拒不履行給付義務情事，得逕行填入到期日，以行使票據上之權利，共同發票人等絕無異議。

> 授權書上之印章必與本票上之印章相同，日期要押。

　　此　致
榮電股份有限公司

　　立授權書人：協力商公司名稱
　　（即本票發票人）
　　住　　　址：協力商公司登記地址

　　立授權書人：連帶保證商公司名稱
　　（即本票發票人）
　　住　　　址：連帶保證商公司登記地址

　　立授權書人：協力商負責人姓名
　　（即本票發票人）
　　住　　　址：協力商負責人住址

　　立授權書人：連帶保證商負責人姓名
　　（即本票發票人）
　　住　　　址：連帶保證商負責人住址

中　華　民　國　　　　　年　　　　　月　　　　　日

149

7-14 大本票檢查表

大本票檢查表   檢查人員：

□是	□否	是否為本公司頒佈格式之大本票
□是	□否	本票金額是否與契約相符
□是	□否	發票日欄位是否簽立
□是	□否	到期日欄位是否空白
□是	□否	是否為 1.承商印鑑（徵提變更事項登記卡／印鑑式授權書）
□是	□否	2.承商負責人是否與變更事項卡為同一印鑑 是否為 2.承商負責人印鑑（徵提印鑑登記卡）
□是	□否	是否為 3.連保廠商印鑑（徵提變更事項登記卡／印鑑式授權書）
□是	□否	4.連保商負責人是否與變更事項卡為同一印鑑 是否為 4.連保商負責人印鑑（徵提印鑑登記卡）
□是	□否	共同發票人人數是否符合公司規定（工程行、企業社需再徵提共同發票人）

授權書檢查表

□是	□否	是否為本公司頒佈格式之授權書
□是	□否	簽立日期是否與本票一致
□是	□否	人數與簽立印鑑是否與本票一致

二、常用書函類

7-15 修正異常案通報單函

○○股份有限公司　　書函

連絡地址：231○○市○○路○號○樓
承辦人及電話：○○○　（02）8919-XXXX

受 文 者：

發文日期：中華民國 99 年　月　日

發文字號：　字第　　　號

速別：

密等及解密條件：

附件：如文

主　　旨：通報修正本公司廠商異常訊息通報單乙事，請查照。

說　　明：

一、本公司近來屢次發現客戶發生異常情事時，地址皆已遷移不明，甚至發生再按登記址寄送時又被以「遷移新址不明」為由退回郵件。

二、為此特修正本公司「廠商異常訊息通報單」格式（附件），增列「廠商未通知逕自遷移營業址」為「參、其他異常情事」項目之一。

正本：總公司各部室、各事業群

～公司條戳～

7-16 針對承商索討法律費用事

主　　旨：為針對○○廣告工程行索討法律費用乙事，請　核示。

說　　明：

一、本公司承商○○廣告工程行於施作「○○標示版工程招牌部分」涉嫌使用侵害專利權設備，導致××公司對本公司提出連帶損害賠償訴訟，現該案已奉核同意和解，合先敘明。

二、依合約「因承商之原因所導致之法律費用支出，本公司皆得轉嫁向承商求償」，本案因案件單純簽准由法務自行處理，建議向承商○○廣告工程行自尾款扣除法務人員費用，以每庭 NT＄3000 計算，本案合計六庭共計應扣除 NT＄18000，請機電群儘速與承商召開會議。

擬　　辦：爾後自行處理訴訟案件建請比照本模式辦理。

7-17 合作廠商風險控管表

□是　□否　為本公司制式合作協議書

□是　□否　經法務審核

<u>合作廠商基本資料</u>

合作廠商名稱：＿＿＿＿＿＿＿＿＿＿（請上經濟部商業司網站查詢）

統一編號：＿＿＿＿＿＿＿

資本額：＿＿＿＿M

成立時間：　年　月

□是　□否　為一人公司

　　在本公司承攬金額：＿＿＿M；在本公司保證金額：＿＿＿M

□是　□否　營運中

　　（請上財政部網站查詢）

□是　□否　工程會履約不良廠商

　　（請上工程會網站查詢）

□是　□否　有信用不良紀錄

　　（請上票據交換所網站查詢）

負責人：＿＿＿＿＿＿

身份證字號：＿＿＿＿＿＿＿＿

□是　□否　廠商或其負責人為不友好廠商（與本公司有訴訟／履約糾紛）

預定連保廠商基本資料：＿＿＿＿＿＿＿＿＿（請上經濟部商業司網站查詢）

統一編號：＿＿＿＿＿＿

資本額：＿＿＿＿＿M

成立時間：　　年　　月

☐是　☐否　為一人公司

　　在本公司承攬金額：＿＿＿＿M；在本公司保證金額：＿＿＿＿M

☐是　☐否　營運中

　　（請上財政部網站查詢）

☐是　☐否　工程會履約不良廠商

　　（請上工程會網站查詢）

☐是　☐否　有信用不良紀錄

　　（請上票據交換所網站查詢）

負責人：＿＿＿＿＿＿

身份證字號：＿＿＿＿＿＿＿＿

☐是　☐否　廠商或其負責人為不友好廠商（與本公司有訴訟
／履約糾紛）

履約保證：☐實質保證　金額：＿＿＿＿M；比例：＿＿＿%
　　　　　☐大本票　　金額：＿＿＿＿M；比例：＿＿＿%

7-18 展延催告函

○○股份有限公司　　書函

連絡地址：231○○市○○路○號○樓
辦人及電話：○○○　　（02）8919-XXXX

受　文　者：○○工程有限公司

發文日期：中華民國 97 年　月　日

發文字號：榮機字第　　　　號

速別：最速件

密等及解密條件：普通

附件：

主　　旨：敦請　貴公司儘速完成展延擔保品手續否即依約辦
　　　　　理，請　查照。

說　　明：

一、為　貴公司承攬本公司「○○排水設備工程」，出
　　具由○○銀行新店分行開立之履約保證金連帶保證
　　書，保證書號○○字第×××號，保證金額新台幣
　　○○元，到期日 97.××.××止。

二、請　貴公司儘速商請銀行展延到期日至 97.××.×
　　×，並於 97.××.××前送交本公司，否為維貴我權
　　益，本公司將於到期日前依約行使權利，請　查照。

正本：○○工程有限公司
副本：○○銀行新店分行、本公司機電事業群業務部、工程部、衛工施工所

～公司條戳～

7-19 函覆保固到期事宜函

○○股份有限公司　　書函

連絡地址：231○○市○○路○號○樓
承辦人及電話：○○○　（02）8919-XXXX

受　文　者：○○工程有限公司
發文日期：中華民國 100 年○月○日
發文字號：　字第　　號
速別：
密等及解密條件：
附件：

主　　旨：覆　貴公司函詢保固到期相關事宜如說明，請查照。
說　　明：

一、兼覆　貴公司 100.10.27○○（100）字第○號函。

二、貴公司函稱「本公司片面要求將保固到期日延期，貴公司不可能同意此違反合約規定舉措」云云，本公司歉難同意。

三、依合約規定，業主未解除本公司保固責任前　貴公司保固責任亦隨附展延，無庸　貴公司同意；至　貴公司來函所稱保固事項之完成與保固到期日無關云云，本公司為維權益仍將於保固到期日前行使權利，惟如業主解除本公司保固責任時，本公司將撤回前開行使權利之主張，併此說明。

正本：○○工程有限公司

～公司條戳～

三、法務常用書狀篇

1. 申請仲裁函

○○股份有限公司　　書函

連絡地址：231 台北縣○○市○○路○號
承辦人及電話：○○○（02）8919-××××#××××

受 文 者：○○風景區管理處
發文日期：中華民國 99 年○月○日
發文字號：　　字第　　　號
速別：
密等及解密條件：
附件：

主　　旨：請　貴處惠予同意「○○工程」○○地區工期履約
爭議調解案（行政院公共工程委員會－調○○案），
辦理提付商業仲裁乙案，如說明，請　查照惠覆。

說　　明：

一、本項爭議調解案業經行政院公共工程委員會召開二
次調解會議後，函送調解不成立證明書在案（依據
行政院公共工程委員會○年○月○日工程訴字第○
號函文）。

二、惠請　貴處同意辦理本項爭議調解案，後續逕行提
付商業仲裁，如蒙　貴處同意辦理，本公司將另行
函知行政院公共工程委員會。

正本：交通部○○局
副本：○○股份有限公司

○○股份有限公司

2. 同意仲裁函

○○管理處　函

連絡地址：231 台北縣○○市○○路○號
承辦人及電話：○○○（02）8919-××××#××××

受 文 者：○○股份有限公司

發文日期：中華民國 99 年○月○日
發文字號：　字第　　號
速別：
密等及解密條件：
附件：

主　　旨：為本處「○○工程」○○地區工期履約爭議調解不
　　　　　成立，　貴公司提請本處同意辦理提付仲裁乙案，
　　　　　復請　查照。

說　　明：

一、依據○○股份有限公司 99 年×月××日○字第
　　0990××××號函辦理。

二、按契約第○條規定：「前項之協調仍無法解決時，
　　得採訴訟方式辦理，雙方同意以中華民國○○地方
　　法院為第一審管轄法院。訴訟期間，乙方仍須依照甲
　　方指示，繼續執行契約內之相關工作。」，惟鑑於訴
　　訟期程漫長，旨揭工程工期爭議之案情並不複雜，基
　　此，本處同意　貴公司逕予提付仲裁，以釐清爭議。

正本：○○股份有限公司
副本：交通部○○局

處長　　○○○

3. 同意仲裁函 2

○○部○○工程處　　書函

連絡地址：231 台北縣○○市○○路○號○樓
承辦人及電話：○○○　（02）8919-××××

受 文 者：○○股份有限公司

發文日期：中華民國 99 年○月○日

發文字號：　　字第　　　　號

速別：

密等及解密條件：

附件：

主　　旨：有關函請同意就「○○工程○○標」，○○設備工
程結算計價方式之履約爭議事項提付仲裁乙案，本
處同意貴公司得向「中華民國仲裁協會」申請仲裁，
並指定仲裁地點為「○○市」。

說　　明：覆貴公司○○年○月○日○○字第○○號書函。

正本：○○股份有限公司

副本：行政院公共工程委員會

處長　　○○○

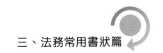

4. 工程會部份撤回函

○○股份有限公司　　書函

連絡地址：231　台北縣○○市○○路○號○樓
承辦人及電話：○○○8919-××××*×××××

受　文　者：行政院公共工程委員會
發文日期：中華民國　　年　月　日
發文字號：　　字第　　　號
速別：
密等及解密條件：
附件：

主　　旨：茲為將調096××××乙案中「○○區營業處○○年
　　　　　○○區配電外線工程」履約爭議調解案一部撤回，
　　　　　請惠予卓辦並見覆。

說　　明：
　　一、兼覆　大會96年○月○日工程訴字0960039×××
　　　　×號函。
　　二、依　大會來函說明二中「○○區營業處○○年○○
　　　　區配電外線工程」工程爭議僅為新台幣（以下同）
　　　　3,000元，卻需繳納調解費2萬元，故前開履約爭議
　　　　調解對本公司並無訴訟利益可言。
　　三、現特函將調0960700乙案中「○○區營業處○○年
　　　　○○區配電外線工程」履約爭議調解案一部撤回，
　　　　如有任何尚待補正事項，請與本公司經辦○○○聯
　　　　絡，電話：02-8919-××××。

正本：行政院公共工程委員會

〜公司條戳〜

5. 更換負責人承受訴訟狀

民事聲明承受訴訟狀

案　號：○年度訴字第○號

股　別：○股

聲　明　人　　○○股份有限　　設○○市○○路○號○樓
即　被　告　　公司

法定代理人　　○○○　　　　　住同上

為給付貨款事件，依法聲明承受訴訟事。

　　緣聲明人公司法定代理人原為○○○，於民國 98 年 7 月 9 日經經濟部完成變更登記，而由○○○擔任上訴人公司董事長（附件 1），謹依民事訴訟法第 175 條第 1 項之規定聲明承受訴訟，俾便訴訟續行，請　鈞院鑒核。

　　謹　狀

臺灣○○地方法院民事庭　　　公鑒

附件 1：經濟部公司登記資料一件。

中　華　民　國　　9 9　年　　　　3　月　　　　日

具　狀　人：○○股份有限公司

法定代理人：○○○

6. 陳報帳戶狀

狀　　　別：民事陳報狀
案　　　號：97年執字第○○號
股　　　別：洋股
陳　報　人：○○股份有限公司
　　　　　　設台北市文山區○○路○號1樓
法定代理人：○○○
　　　　　　住　同上

為陳報帳戶事：

　　緣陳報人與債務人間返還借款強制案件業經　鈞院以97年執洋字第○○號受理在案，頃接　鈞院核發支付轉給命令第三人將債務人對其貨款債權○○交付　鈞院後再支付轉給陳報人，現陳報人陳報銀行帳號俾便收取扣押款項，爰檢附本公司上海商業儲蓄銀行○○分行存摺影本乙份。狀請
鈞院迅賜將扣押款項逕自匯入本公司帳戶，實感法便。

　　此　致
台灣○○地方法院　民事執行處　　　　　　公鑒

中　華　民　國　　九　十　七　年　　九　月　　　日

具　狀　人：○○股份有限公司
法定代理人：○○○

7. 聲請移轉管轄狀

狀　　別：聲請移轉管轄狀
案　　號：97 年度他調字第○號
股　　別：○股
聲　請　人：○○股份有限公司
　　　　　　設台北市文山區○○路○號 1 樓
法定代理人：○○○
　　　　　　住　同右
送達代收人：○○○　　　02-8919-××××
　　　　　　住　同右
為聲請移轉管轄事：

　　頃接　鈞院 97 年度他調字第○號與相對人○○有限公司間給付工程款事件，但查一、聲請人所檢附之書狀係以民事起訴狀為之，相對人係設址於「台北市文山區」，似應適用民事訴訟法「以原就被」原則；且二、聲請人係以訴外人○○工程（股）公司對相對人之債權讓與為請求權基礎，查相對人與○○公司所立工程合約（被證一）第二十條規定「如因本合約發生訴訟事件時，雙方同意以甲方（即相對人公司）所在地之法院為第一審管轄法院」。

　　爰依民事訴訟法第 24 條、第 28 條規定，狀請
鈞院賜准移轉管轄，以維權益，至感法便。此　　致
台灣○○地方法院民事庭　　　　　　公鑒

中 華 民 國　　九 十 七 年　　十 二 月　　　　　日

　　　　　　　具　狀　人：○○股份有限公司
　　　　　　　法定代理人：○○○

8. 聲請移轉管轄狀 2

狀　　　別：聲請移轉管轄狀

案　　　號：97 年度○調字第○號

股　　　別：宜股

聲　請　人：○○股份有限公司

　　　　　　設台北市文山區○○路○號○樓

法定代理人：○○○

　　　　　　住　同右

送達代收人：○○○　　02-8919-××××

　　　　　　住　同右

為聲請移轉管轄事：

　　頃接　鈞院97年度○調字第○號與相對人○○○間給付資遣費事件，命聲請人於 97 年 3 月 3 日出席　鈞院之調解庭，但查相對人所檢附之書狀係以民事起訴狀為之，聲請人係設址於「台北市文山區○○路○號○樓」，似應適用民事訴訟法「以原就被」之原則。

　　爰依民事訴訟法第 28 條規定，狀請

鈞處賜准移轉管轄，以維權益，至感法便。

　　　此　　致

台灣○○地方法院○○簡易庭　　　　　　公鑒

中　華　民　國　　九　十　七　年　　　三　月　　　　　日

　　　　　　　　　具　狀　人：○○股份有限公司

　　　　　　　　　法定代理人：○○○

9. 聲請補發債證狀

狀　　　別：民事聲請狀
案　　　號：九十二年度執字第○○號　股　別：　意　股
聲　請　人：○○股份有限公司　　統一編號：14026987
　　　　　　設 11670 台北市文山區○○路○號○樓
法定代理人：○○○
　　　　　　住　　同上
送達代收人：○○○　　　電話：8919-××××
　　　　　　住　　同上
為聲請補發債權憑證事：

　　因聲請人之法定代理人變更，茲提出經濟部商業司網站抄
錄資料以為證明，合先敘明。

　　緣聲請人與○○電腦有限公司間強制執行事件業經　鈞院
核發債權憑證結案，現因前開債權憑證不慎遺失，特檢附手續
費 NT＄100 狀請

　　鈞院補發債權憑證，以為權益，至感法便。

　　此　致
台灣高雄地方法院　民事執行處　　　　　公鑒
中　華　民　國　　九　十　七　　年　　三　月　　　　日
　　　　　　　　　具　狀　人：○○股份有限公司
　　　　　　　　　法定代理人：○○○

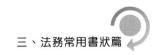

10. 聲請重發扣押命令狀

狀　　　別：強制執行聲請狀
案　　　號：97年司執九字第○○號

聲　請　人：○○股份有限公司
　　　　　　設台北市文山區○○路○號○樓
法定代理人：○○○
　　　　　　住　同上

為聲請重新核發扣押命令事：

　　緣聲請人與債務人間清償票款強制案件業經　鈞院以97年司執九字第○○號受理在案，原聲請人針對債務人於第三人桃園信用合作社有存款債權聲請執行，頃接　鈞院函轉第三人書函乙份，經與第三人經辦聯繫發現該書函係為繕打錯誤，且依辦理強制執行應行注意事項規定「聲明異議應以書狀為之，否應以裁定駁回之。」故該書函聲明異議除為錯誤外，亦為不合法之異議。

　　爰依強制執行法規定聲請　鈞院重新核發扣押命令，以維權益，至感法便。

　　　此　致
台灣○○地方法院　民事執行處　　　　　公鑒

中　華　民　國　　九　十　七　年　　四　月　　　日

　　　　　　　具　狀　人：○○股份有限公司
　　　　　　　法定代理人：○○○

11. 陳報無從扣押狀

狀　　　別：陳報狀

案　　　號：99 年度執字○○號

股　　　別：天　股

聲　明　人：○○份有限公司

　　　　　　設台北市文山區○○路○號 1 樓

法定代理人：○○○

　　　　　　住　同右

送達代收人：○○○　　　02-8919-XXXX

　　　　　　住　同右

為陳報事：

　　緣　鈞院 99 年度司執字第○○號與債務人○○科技股份有限公司間清償債務強制執行事件，經查係爭設定質權之定存單（編號：HA3634106X）因其所擔保之債權業已到期，陳報人已於 96.05.25 交由○○公司員工○○○領回（附件），陳報人對該存單無從實行質權，特此陳報。

　　此　致

台灣台北地方法院民事執行處　　　　　公鑒

中　華　民　國　　九　十　九　年　　十　一　月　　　　　日

　　　　　　　　具　狀　人：○○股份有限公司

　　　　　　　　法定代理人：○○○

12. 仲裁判斷之執行

第四章　仲裁判斷之執行

第三十七條　仲裁人之判斷，於當事人間，與法院之確定判決，有同一效力。仲裁判斷，須聲請法院為執行裁定後，方得為強制執行。但合於下列規定之一，並經當事人雙方以書面約定仲裁判斷無須法院裁定即得為強制執行者，得逕為強制執行：

一、以給付金錢或其他代替物或有價證券之一定數量為標的者。

二、以給付特定之動產為標的者。

　　前項強制執行之規定，除當事人外，對於下列之人，就該仲裁判斷之法律關係，亦有效力：

一、仲裁程序開始後為當事人之繼受人及為當事人或其繼受人占有請求之標的物者。

二、為他人而為當事人者之該他人及仲裁程序開始後為該他人之繼受人，及為該他人或其繼受人占有請求之標的物者。

第三十八條　有下列各款情形之一者，法院應駁回其執行裁定之聲請：

一、仲裁判斷與仲裁協議標的之爭議無關，或逾越仲裁協議之範圍者。但除去該部分亦可成立者，其餘部分，不在此限。

二、仲裁判斷書應附理由而未附者。但經仲裁庭
　　補正後，不在此限。

三、仲裁判斷，係命當事人為法律上所不許之行
　　為者。

第三十九條　仲裁協議當事人之一方，依民事訴訟法有關保全
　　　　　　程序之規定，聲請假扣押或假處分者，如其尚未
　　　　　　提付仲裁，命假扣押或假處分之法院，應依相對
　　　　　　人之聲請，命該保全程序之聲請人，於一定期間
　　　　　　內提付仲裁。但當事人依法得提起訴訟時，法院
　　　　　　亦得命其起訴。

　　保全程序聲請人不於前項期間內提付仲裁或起訴者，法院
得依相對人之聲請，撤銷假扣押或假處分之裁定。

13. 聲請核發強執裁定狀

狀　　　別：核發准許強制執行聲請狀
聲　請　人：○○股份有限公司
　　　　　　設 11670 台北市文山區○○路○號 1 樓
法定代理人：○○○
　　　　　　住　同上
送達代收人：○○○　　　電話：8919-XXXX
　　　　　　住　同上
相　對　人：○○中心
　　　　　　設台北市南港郵政○○號信箱
法定代理人：○○○
　　　　　　住　同上
為聲請核發准許強制執行裁定事：

　　聲請人與相對人○○中心間請求給付電線電纜款項事件業經中華民國仲裁協會核發 99 年仲聲仁字第○號仲裁判斷（附件），仲裁判斷內載明相對人需給付金額及負擔仲裁費用，爰依仲裁法第 37 條規定請求　鈞院核發准許強制執行裁定，俾便續行追索。

　　此　致
台灣台北地方法院　民事庭　　　　　公鑒
中　華　民　國　　一　○　一　年　　三　月　　　　日

　　　　　　　　具　狀　人：○○股份有限公司
　　　　　　　　法定代理人：○○○

171

14. 附帶民事求償狀

狀　　　別：附帶民事求償狀

案　　　號：97 年度偵字第○○號

股　　　別：明　股

聲　請　人：○○股份有限公司

　　　　　　設台北市文山區○○路○號

法定代理人：○○○

　　　　　　住　同右

送達代收人：○○○

　　　　　　住　同右　　8919-XXXX

為提起附帶民事求償事：

　　爰　鈞署97年偵字第○○號竊盜案件本公司係為該案件直接受害人，現檢附電纜遭竊損失清單及修復費用明細表暨廠商報價單各乙份，提出附帶民事求償 NT＄○○，狀請
鈞院鑒核，以維權益，至感法便。

　　此　致
○○地方法院檢察署　　　　　公鑒

中　華　民　國　　九　十　八　年　　一　月　　　　日

　　　　　　　　　　具　狀　人：○○股份有限公司
　　　　　　　　　　法定代理人：○○○

15. 聲請確定訴訟費用狀

狀　　　別：民事聲請狀

聲　請　人：○○股份有限公司
　　　　　　設 11670 台北市文山區○○路○號 1 樓

法定代理人：○○○
　　　　　　住　同上

送達代收人：○○○　　(02)8919-XXXX
　　　　　　住　同上

為聲請裁定確定訴訟費用額事：

一、聲請人與相對人○○有限公司等間給付票款事件，業經　鈞
　　院以 94 年重訴字第○號判決確定，訴訟費用應由相對人負擔。

二、聲請人所支出的訴訟費用，合計新台幣○○元，亟待一併
　　請求強制執行，但未經該院於裁判內確定數額。為此依民
　　事訴訟法第 91 條第 1 項、第 2 項規定，提出釋明費用額的
　　單據乙張，聲請　貴院裁定確定之。

　　此　致
台灣台北地方法院　民事庭　　　　　　公鑒

證一：鈞院 94 年度重訴字第○號訴訟費用收據正本。

中　華　民　國　　九　十　七　年　　一　月　十　七　日

　　　　　　　　　具　狀　人：○○股份有限公司
　　　　　　　　　法定代理人：○○○

16. 收取訴訟費用收據

收據

茲收到　貴公司依台灣台北地院九十七年店簡字第○號判決所交付之訴訟費用如下列票據：

發票人：	○○股份有限公司
受款人：	○○工程有限公司／○○○
面　額：	新台幣○○元整
條　件：	禁止背書轉讓
備　註：	依台北地院九十七年店簡字第○號判決交付

　　此　致
○○股份有限公司

　　　　　　立　據　人：○○機電工程有限公司
　　　　　　法定代表人：○○○
　　　　　　立　據　人：○○○

中　華　民　國　　九　十　七　年　　六　月　　　　日

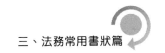

17. 收取執行金額收據

收據

　　茲收到　貴公司依台灣台北地方法院九十七年執字第○○號執行命令所交付之債務人○○建築有限公司之應收帳款如下列票據：

發票人：	○○股份有限公司
受款人：	○○工程有限公司
面　額：	新台幣○○元整
條　件：	禁止背書轉讓
備　註：	依台北地院九十七年執字第○○號執行命令交付

　　此　致
○○股份有限公司

　　　　　　　立　據　人：○○工程有限公司
　　　　　　　法定代表人：○○○
　　　　　　　代　理　人：○○○
中　華　民　國　　九　十　七　年　　七　月　　　　日

四、法務訓練資料

1. 工程常用處理紛爭程序淺析

工程常用處理紛爭程序淺析

一、先調後仲（即強制仲裁規定）

　　中華民國九十六年七月四日修正公布政府採購法第 85-1
條條文

　　政府採購法第 85-1 條機關與廠商因履約爭議未能達成協議
者，得以下列方式之一處理：

　　一、向採購申訴審議委員會申請調解。

　　二、向仲裁機構提付仲裁。

　　前項調解屬廠商申請者，機關不得拒絕；工程採購經採購
申訴審議委員會提出調解建議或調解方案，因機關不同意致調
解不成立者，廠商提付仲裁，機關不得拒絕。

　　政府採購法第七條第四項：採購兼有工程財物勞務二種以
上性質，難以認定其歸屬者，按其性質所占預算金額比例最高
者歸屬之。EX 本公司 VS.○○海外履約爭議即因該合約性質屬
財物及勞務性質複合契約，不適用先調後仲之規定。

　　因此強制仲裁需符合：1.性質係屬工程採購，2.採購申訴審
議委員會提出調解建議或調解方案，3.因機關不同意致調解不成
立之三要件，始有機關不得拒絕強制仲裁之適用。

二、履約爭議調處

行政院工程會履約爭議調解流程如附表

採購履約爭議調解收費辦法

中華民國九十一年九月四日

第五條	以請求或確認金額為調解標的者，其調解費如下： 一、金額未滿新臺幣二百萬元者，新臺幣二萬元。 二、金額在新臺幣二百萬元以上，未滿五百萬元者，新臺幣三萬元。 三、金額在新臺幣五百萬元以上，未滿一千萬元者，新臺幣六萬元。 四、金額在新臺幣一千萬元以上，未滿三千萬元者，新臺幣十萬元。 五、金額在新臺幣三千萬元以上，未滿五千萬元者，新臺幣十五萬元。 六、金額在新臺幣五千萬元以上，未滿一億元者，新臺幣二十萬元。 七、金額新臺幣一億元以上，未滿三億元者，新臺幣三十五萬元。 八、金額新臺幣三億元以上，未滿五億元者，新臺幣六十萬元。 九、金額新臺幣五億元以上者，新臺幣一百萬元。 前項調解標的之金額以外幣計算者，按申訴會收件日前一交易日臺灣銀行外匯小額交易收盤買入匯率折算之。
第六條	非以請求或確認金額為調解標的者，其調解費為新臺幣三萬元。但調解標的得直接以金額計算者，其調解費依前條規定計算。

三、仲裁：

1. 強制仲裁（先調後仲）
2. 依約仲裁（合約內需明訂仲裁條款）
3. 合意仲裁（EX○○工期爭議案）
   　　　（失敗案例：本公司 VS.○○物調案）

仲裁之優點

1. 有效：仲裁人之判斷，依仲裁法第 37 條規定，與法院之確定判決，具有同一效力；一經判斷，即告確定，可使當事人減免訟累。

2. 快速：仲裁庭應於組成之日起六個月內作成判斷書；必要時，得延長三個月。

3. 專家判斷：仲裁人皆具各業專門知識或經驗之專家，可達成辦案之正確性。

4. 經濟：仲裁費比訴訟費為低，且仲裁判斷迅速結案，可節省當事人許多時間。

5. 保密：依仲裁法第 23 條第 2 項規定仲裁程序不對外公開，可確保工商業之營業秘密。

仲裁收費

中華民國仲裁協會仲裁費與法院裁判費比較表：

標的金額	仲裁費	調解費	法院裁判費			
			一審	二審	三審	合計
100 萬元	36,600	5,000	10,900	16,350	16,350	43,600
200 萬元	58,600	10,000	20,800	31,200	31,200	83,200
300 萬元	75,600	15,000	30,700	46,050	46,050	122,800
400 萬元	90,600	20,000	40,600	60,900	60,900	162,400
500 萬元	104,600	25,000	50,500	75,750	75,750	202,000
600 萬元	114,600	30,000	60,400	90,600	90,600	241,600
700 萬元	124,600	35,000	70,300	105,450	105,450	281,200
800 萬元	134,600	40,000	80,200	120,300	120,300	302,800
900 萬元	144,600	45,000	90,100	135,150	135,150	360,400
1000 萬元	152,600	50,000	100,000	150,000	150,000	400,000
1500 萬元	177,600	75,000	144,000	216,000	216,000	576,000
2000 萬元	202,600	100,000	188,000	282,000	282,000	752,000
2500 萬元	227,600	125,000	232,000	348,000	348,000	928,000
3000 萬元	252,600	150,000	276,000	414,000	414,000	1,104,000
5000 萬元	352,600	250,000	452,000	678,000	678,000	1,808,000
1 億元	602,600	500,000	892,000	1,338,000	1,338,000	3,568,000
2 億元	1,102,600	1,000,000	1,662,000	2,493,000	2,493,000	6,648,000
3 億元	1,602,600	1,500,000	2,432,000	3,648,000	3,648,000	9,728,000
5 億元	2,602,600	2,500,000	3,972,000	5,958,000	5,958,000	15,888,000
10 億元	5,102,600	5,000,000	7,822,000	11,733,000	11,733,000	31,288,000

仲裁程序之進行，係由聲請方與答辯方各指派一名<u>仲裁人</u>，雙方再行共同推舉一名<u>主任仲裁人</u>，三人組成仲裁庭。通常會選出具有實務經驗仲裁人，故通常在仲裁程序會對承商方面會有較有利裁定。因此除非是強制仲裁的規定，大多業主均會拒絕合意仲裁

仲裁人之判斷，與法院之確定判決具有同一效力，且係屬一審終結方式；因此如需推翻仲裁判斷，除非有仲裁法第 40 條各款情形可訴請法院<u>撤銷仲裁判斷之訴</u>外，不得就同一事件再提起民事訴訟。

四、提出訴訟：

目前因 1.工程專業法庭剛成立，2.法官大多對工程實務不甚瞭解，3.法官輪調制度，再加上 4.工程實務上許多爭議要送鑑定；導致工程訴訟曠日廢時。

工程紛爭處理時的文件準備資料

工程紛爭處理時文件應如何準備，以下是幾個原則：

1. 不能倚靠記憶，要有充分書面紀錄。
2. 重讀契約條款，包括有利及不利部分，前後可能也有不同的規定，另要特別注意「但書」部分。
3. 工程記錄部分，包括但不限於以下部分：
   (1) 來往函件及備忘錄。
   (2) 原契約文件、圖樣及規範。
   (3) 圖樣修改紀錄及修改後的圖樣。

(4) 各種定期或臨時召開的會議記錄。

(5) 估價明細表。

(6) 經核准的工程進度表，包括開工前及施工中。

(7) 傳送函件及契約變更通知等的紀錄。

(8) 工地日報。

(9) 電話通話記錄。

(10) 付款單據，可提供爭議項目的支付情況和工程進度的線索。

(11) 工程查驗證明可供指出特定項目在特定時段的完成進度和日期。

(12) 業主、監造和承包廠商的談話記錄資料，且經業主或監造確認。

(13) 施工人員計畫表及人工日報。

(14) 施工用材料及設備使用表。

(15) 爭議項目的現場照片可直接反映出事件的真貌。

2. 法務催收工作簡介

法務催收工作簡介

一、法律程序簡介

確定私權程序→法院民事庭／簡易庭（票據訴訟）受理

A.保全程序：〈民訴 523→538〉

〈假→暫時〉為防止債務人脫產／定暫時狀態

 1.假扣押〈金錢〉：約 1/3→全額擔保金；可反擔保

 2.假處分〈非金錢／行為，如袋地通行權〉：擔保金由法院裁定；不可反擔保。

假扣押流程簡表

債權人具狀聲請假扣押裁定

→法院核准之假扣押裁定（大約遞狀後一週左右）

→向國稅局申請抄錄債務人財產、所得資料

→債權人供擔保、辦妥提存（當場辦即可）

→債權人具狀聲請假扣押執行並繳納費用

B.訴訟程序：〈1.1%〉一審→二審（50%）→三審〈確定判決〉

 假執行：債權人聲請或法院依職權判決〈票據訴訟〉

C.督促程序：〈每份 500 元〉〈民訴 508〉

支付命令：法院命債務人給付金錢或其他代替物之裁定

債務人可不附理由異議→視為起訴

債務人未異議→與確定判決等同效力

D.非訟程序：

1.本票裁定→只能針對發票人聲請，費用最高 5,000 元
　債務人如拒收時可公示送達

2.拍賣抵／質押物裁定

未滿 10 萬元者	500 元
10 萬元以上～未滿 100 萬元	1,000 元
100 元萬以上～未滿 1,000 萬元	2,000 元
1,000 萬元以上～未滿 5,000 萬元	3,000 元
5,000 萬元以上～未滿 1 億元	4,000 元
1 億元以上者	5,000 元

實現私權程序→法院民事執行處受理

E.強制執行程序：〈費用 0.8%〉

查封程序→變價程序→全部清償

→核發債權憑證結案

二、催收前之準備／發現財產所在

1.複查資產。

2.行文催告－雙掛號存證信函。

3.訴訟準備→抄錄公司資料（可上網查詢該公司仍否存在）、
　聯合徵信中心調閱個人信用資料、國稅局調閱財產資料（所

得／財產每份壹仟元，且有約二年度落差），可調閱戶籍
及地政謄本等。

4.確保債權→行使質權、抵押權、取回權／發支付命令、本
票裁定／強制執行／對客票發票人追索等。

三、以非訟程序收回債權的方式：

1.延期清償（展期）。

2.徵提擔保品／人。

物保——不動產抵押權、動產抵押權、動產質權。

人保——如過世時，可查明是否有其他繼承人（至原戶政
事務所查詢）／盡量不要有同一家人擔任連保人
的情形。

3.代位清償。

4.債權／應收帳款讓與。

5.同意取回標的物。

6.抵銷（大多指金融業扣存款帳戶）。

3. 員工扣薪問題法務講座

Q1： 本公司員工經扣薪後，又有第二家銀行聲請法院核發扣押
　　　命令，應如何處理？

A： 此時應陳報法院前次執行案號，待法院核發新執行命令後
　　　併案執行。

Q2： 本公司員工經行庫扣薪後，又有第二家銀行聲請法院核發
　　　扣押命令，分配比例應如何計算？

A： 一般扣薪僅能針對員工薪資的三分之一作執行，例如員工
　　　每月薪資 NT＄30,000，三分之一為 NT＄10,000，不管有
　　　多少家行庫，亦僅針對 NT＄10,000 作分配。
　　　假如 A 行庫（債權額 NT＄100,000）先行扣押，B 行庫
　　　（債權額 NT＄50,000），分配的比例為 A 行庫 2/3，B 行
　　　庫 1/3。

Q3： 本公司員工經行庫扣薪後，行政執行處又核發扣押命令，
　　　應如何處理？

A： 前已提及因為「稅捐之徵收，優先於普通債權（稅捐稽徵
　　　法§6Ⅰ）」，因此應停止行庫扣薪的動作，先行計繳行
　　　政執行處的執行，待行政執行處稅款執行完畢後再續行行
　　　庫扣薪程序。

Q4： 本公司員工經行庫扣薪後，行庫發函略謂因合併更名請直
接改匯入更名後其他帳戶，應如何處理？

A： 依法本公司必須配合法院執行命令，法院並無指示需匯入
更名後其他帳戶前本公司並無配合義務，可發函告知請其
自行向法院聲請。

Q5： 本公司員工經執行處扣薪後，員工投訴略謂因與稅捐處有
稅務糾葛云云請暫勿扣薪，應如何處理？

A： 依法本公司必須配合法院或執行處之執行命令，如故意不
配合或違背法院扣押命令，甚或可能有涉及違背查封效力
罪的疑慮，此時應建請同仁儘速與執行處協商解決，本公
司實不便配合。

Q6： 本公司員工經執行處扣薪後，員工經通知後自行繳清積欠
稅捐部分，應如何處理？

A： 此時可檢附該員自行繳納稅款收據影本向執行處聲明異
議，待執行處核發撤銷命令即可按正常程序發給薪資。

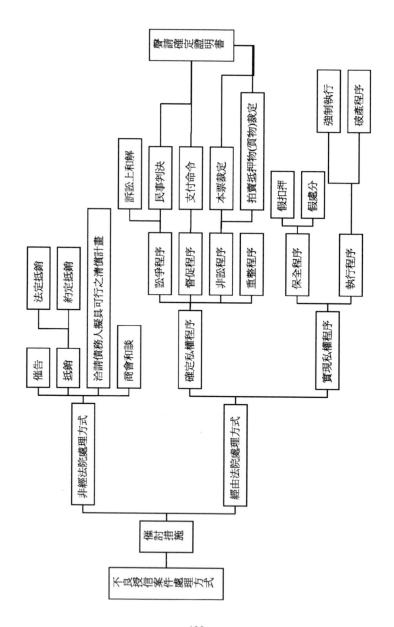

法院拍賣價金債權分配次序

一、執行費及其他為債權人共同利益而支出之費用，得就強制執行之財產先受清償（強執法§29）

  1.執行費包括發動執行程序之債權人所實際繳納8/1,000之執行費，以及參與分配之債權人所掛帳之執行費。

  2.共益費，例如登報費、鑑價費、非執行人員之旅費（例如警員、鎖匠）。

  3.但債權人各自取得執行名義之費用，不包括在上述費用之內。

二、土地增值稅

  1.依稅捐稽徵法§6Ⅱ規定，優先一切債權及抵押權。

  2.經法院執行拍賣或交債權人承受之土地，法院應在5天內，將其拍定或承受價額通知當地稅捐稽徵機關核課增值稅，並由執行法院代為扣繳（稅捐稽徵法§6Ⅲ）

三、依「土壤及地下水污染整治法」§38、§39應繳納之費用（例如主管機關對土壤地下水污染範圍及環境影響評估所做調查、評估、審查所支出之費用），優先一切債權及抵押權（該法§44）。

四、抵押債權或其他擔保債權：依登記之先後定其受償次序。

五、勞工未滿六個月之工資：

  1.雇主因歇業清算或宣告破產，本於勞動契約所積欠之工資未滿六個月部分，有最優先受償之權。（勞動基準法§28Ⅰ）

2.上開規定是為特定事由而發生，並非特定標定物而發生，解釋上應僅屬債權優先權，而非物權優先權，故應列在抵押債權之後，普通債權之前。

六、其他稅捐

稅捐之徵收，優先於普通債權（稅捐稽徵法§6Ⅰ）

七、關稅、滯納金、滯報費、利息、依關稅法所處之罰鍰、處理變賣或消燬貨物所需費用等應繳或補繳之關稅，應較普通債權優先清償（關稅法§55Ⅳ）

八、債權之利息、遲延利息及違約金。

九、普通債權。

三種執行命令之效力比較

一、收取命令：

收取命令送達後，於債權人收取前，執行程序尚未終結，如有他債權人參與分配，執行法院應將收取命令撤銷，另發支付轉給命令，命第三人將債款繳交法院分配。但債權人實際收取部分，視為執行程序終結，他債權人不得再聲請參與分配。（強執法 32 條）

又債權人之債權於收取金額範圍內，因清償而消滅，顧債權人因第三債務人無資力，至債權全部或一部不能收取時，為收取部分之執行債權仍不消滅，債權人仍得依原執行名義，對債務人其他則任財產強制執行。

二、移轉命令：（通常指薪資部分）

移轉命令生效後，債務人對於第三人之債權移轉予債

權人，債務人喪失債權人之地位，債權人為該移轉債權之受讓人，得以債權人之地位直接向第三債務人求償。在移轉之債權存在範圍內，債權人之執行債權均視為已受償，縱第三債務人因無資力致未獲清償時，其執行債權亦不再回復，債權人不得請求另就債務人之其他財產執行。因此，債權人應負擔第三債務人無資力之危險。

惟對於<u>薪資</u>或其他繼續性給付之債權所為強制執行，執行法院得以命令移轉於債權人。但債務人喪失其權利（如辭職）或第三人喪失支付能力時，該薪資或其他繼續性給付之債權未受清償之部分，移轉命令失其效力，得聲請繼續執行，並免徵執行費。（強執法 115 條之 1）

三、支付轉給命令（EX：○○機電）

支付轉給命令生效後，於第三人將金錢支付執行法院時起，該執行金額之危險，由執行債務人負擔。在執行法院未轉給執行債權人之前，尚不生已清償執行債權之效力，執行效力尚未因清償而消滅，其執行程序尚未終結，他債權人自得參與分配。

債務人對於第三人之金錢債權經扣押後，欲使債權人之債權獲得清償，尚須為換價之處分。而上述三種換價方法，究採何種方法為宜，執行法院除得斟酌具體情形外，並得詢問債權人意見，擇用其一（強執法 115 條 II）。

4. 本票概論

本票概論

一、本票的種類：

　　一般我們常用的本票大概有三種：第一種是擔保本票，通常是當作是擔保的性質，一般使用的是文具行可以買得到的「工商本票」，也就是俗稱的「玩具本票」；行庫用的是 A4 尺寸，主要是用作違約後向法院主張本票裁定時使用。

　　第二種是以銀行擔任付款人的本票，其中又有分成是發票人是銀行的，也就是所謂的「銀行本票」，這種本票基本上都是要拿等額現金銀行才願意開立，所以就等同於鐵票了；另一種是公司或個人擔任發票人的，千萬不要以為付款人是銀行就一定穩的，這種票比支票還不如，因為支票只要開立了如果沒兌現還會留下退票記錄，而本票要撤銷擔當付款委託則不需要任何條件，對其信用也不會產生不良影響。

　　第三種則是「融資性交易本票」（Commercial Paper）簡稱是 CP2，也就是中大型企業發行融資性交易本票，經票券公司簽證、承銷後，透過資本市場作融資的工具。

二、使用本票的優缺處：

　　金融行庫喜歡使用本票的好處主要有以下三點：第一點費用低廉，因為一般民事訴訟的費用，大約是債權金額乘以百分之一‧一，以五佰萬的支票計算訴訟費用就要五萬五千元左右，

但如果聲請本票裁定只需要二千元，而且最高的級距（新台幣一億元以上者）也只要五千元，相對而言費用便宜許多。

第二個好處是無需開庭，通常中小企業如果碰到需要開庭的案件 90%以上會委任律師處理，而現在委任律師一庭最起碼要六萬元以上，而本票裁定因為是屬於非訟事件，所以原則上無需開庭。

第三個好處是速度迅速，因為如果債務人違約時最怕的就是拒收法律文書，因為無法送達而導致訴訟時間大幅延長，而本票裁定的好處就是如果債務人公司設址在該處，但是又拒絕收受法律文書時，可以「公示送達」的方式作為合法送達。（公示送達就是法院將要送達的文書刊佈在報紙或網站上）

但是本票裁定也有缺點，就是如果為了預防債務人脫產而做了假扣押執行的時候，如果單純只有本票裁定是無法領回假扣押提存金的。

三、以本票裁定打銷呆帳流程圖

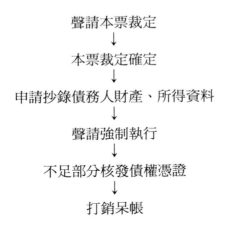

聲請本票裁定
↓
本票裁定確定
↓
申請抄錄債務人財產、所得資料
↓
聲請強制執行
↓
不足部分核發債權憑證
↓
打銷呆帳

五、工程案例簡介

1. 對抗業主的利器——假處分案例簡介

1-1 對抗業主的利器——假處分簡介與案例淺析

對抗業主的利器——假處分簡介與案例淺析

案例一：

　　A 業主與 B 承商因為某工程進度發生爭議，承商遂向行政院工程會提出履約爭議調處，於調處中業主律師提出建議，業主遂以其總務處名義發文與履約保證銀行，要求銀行將履約保證金匯付至其指定帳戶。

　　當承商接獲銀行通知時，首先以函文提醒銀行：履約保證書明訂接獲業主通知，但其以總務處名義並不符合履保書要件，請其暫緩付款；另馬上向法院聲請假處分，終於在銀行尚未撥付款項前以假處分阻止銀行撥付的動作。

案例二：

　　C 業主與 D 承商因為某工程進度發生爭議，業主以承商該當違約條件為由逕行終止合約並發函履保銀行要求撥付至其指定帳戶。

　　當承商接獲銀行通知時，因其與銀行關係不錯，首先先拜託銀行暫不付款；另馬上向法院聲請假處分，假處分裁定載明「業主不得向保證銀行請求付款」。

案例三：

　　E 業主與 F 承商因為某工程進度拖延太久，導致承商不敵物價上漲無法繼續墊付款項施作而發生爭議，雙方正進行履約爭議調處中，業主將以承商該當違約條件為由逕行終止合約並發函履保銀行要求撥付履約保證金。

　　承商與律師分析研判馬上將面臨業主沒收其履約保證金之舉措，遂主動向法院聲請假處分，假處分裁定載明「業主不得向保證銀行請求付款」。

一、假處分簡介：

　　承攬公共工程時，必須提供相當於 10%契約金額的履約保證金，一般接受的履約保證金形式為現金、定存單質押、保險公司出具工程保險保單及銀行出具履約保證函等方式。

　　以往業主的作法就是如「認定」承商有不發還履約保證金的情事，而所謂的「認定」就是業主單方面認為，且履約保證銀行鮮少會質疑業主的認定，實務上多於接獲業主通知的三天內將履約保證款項匯入業主指定帳戶。

　　因為站在履保銀行的立場是我匯付了履約保證款項，轉過頭來再向承商進行追索即可；但是站在承商的立場，一旦發生了前開情事，不但將面臨銀行的追索，最重要的是金融機構有可能會認定承商有信用低落風險之虞，向承商進行緊縮銀根甚或圈存帳戶要求增加擔保品等的災難性後果。

　　但是在銀行提供履約保證函以假處分作為與業主對抗的方式，也就是說以向法院聲請假處分的方式，禁止業主對履約保

證銀行作提示付款的動作。因而成功的把與業主的決戰場延展
到了法院判決確定。而多半的承商其實並不知道假處分這種對
抗業主的利器，以下就向大家作一些介紹：

一、什麼是假處分：

二、假處分辦理流程：
　　　　向法院聲請核發假處分裁定（費用 NT＄1000）
　　　　　　　　　　　↓
　　　　　　　法院核發假處分裁定
　　　　　　　　　　↓
　　　　　　　向提存所辦理提存
　　　　　　　　　↓
　　　向法院民事執行處聲請辦理假處分強制執行
　　　　　　　　　　↓
　　　　　　法院核發假處分執行命令

三、如何加速辦理假處分的流程：
　　　因為銀行實務上多於接獲業主通知的三天內將履約保證款
項匯入業主指定帳戶，但是要在三天內將前面的流程全部辦完
說實在的真的要很拼，除了在案例三所提到的情況是由承商主
動先行發動，因此在時間的掌控下較為充裕，否則如何加速假
處分的取得是案件成敗的關鍵點。
　　　至於實務上如何加速辦理假處分，方法例舉如下：

1. 在假處分聲請狀上直接註明承辦人員的手機，以便書記官聯繫。
2. 遞送假處分聲請狀後趕快至分案處查明案號及分案至何股，直接以電話向書記官拜託盡快下裁定。
3. 請書記官不要用寄送的方式，用電話通知自己過去領取。
4. 依裁定內容，請財務人員儘速準備現金或者以切台支的方式準備提存金。
5. 將假處分裁定內容先傳真予行庫，請其先暫勿付款。
6. 遞送假處分執行狀後趕快至分案處查明案號及分案至何股，直接以電話向書記官拜託盡快下裁定。
7. 請書記官不要用寄送的方式，用電話通知自己過去領取。
8. 拜託書記官給行庫的執行命令由承商代送，或者是拜託行庫其自行至法院領取。
9. 如果前二種方法都不可行，則用收到執行命令後直接傳真給行庫。

四、聲請假處分時究應以何人為相對人

通常如果是以業主為相對人時，假處分聲請狀「業主不得以履約保證銀行所出具之履約保證函向保證銀行請求付款。」但是如果業主已經做出請求付款的動作時，如案例一、二的情形時，這種假處分的效力是否具有對抗業主的效力，筆者認為較有爭議。

如案例一、二的情形時，應該選擇以履約保證銀行為相對人，假處分聲請狀「履約保證銀行得不依其所出具之履約保證

函向業主為付款。」

　　選擇以何人為相對人的另一個考量重點就是如何加速取回提存金，因為法院在作成假處分裁定時，會要求聲請人必須提供擔保，因此如何能儘速領回提存金對抒解承商的財務壓力。

五、如何快速取回擔保金

　　一般而言取回擔保金的方式有三種：1.經相對人同意領回，2.取得全部勝訴判決，3.判決後如未能獲致全部勝訴判決時，用催告對方起訴的方式，而對方未起訴時。

　　因為假處分可以阻止業主任意認定承商違約逕行沒收履約保證金，考量與業主或者行庫可以和解方式達致協議，那麼經過業主或者行庫的同意是最快領回提存擔保金的方式。

　　至於實務上在辦理取回擔保金的程序，一種是承商與業主或行庫一起約至法院提存所以製作筆錄方式同意承商領回；另種是雙方共同約至公證人處製作同意取回的公證文書，再持該公證文書向法院提存所聲請辦理取回提存金。至於公證人可上司法院網站（www.judicial.gov.tw）的業務宣導區→公證業務專區中查詢。

六、法院接受的擔保金種類

　　現行一般法院能接受的擔保金種類：除現金外，還包括政府公債、國營事業發行的公司債、銀行出具的保證函以及銀行開立的可轉讓無記名定期存單（簡稱為 NCD），因為法院提存所的利息相當低，而且工程訴訟標的金額都比較高，工程訴訟

所花費的時間會比較久，如果能將擔保金提存在法院時間也能多賺些利息，也是不錯的選擇。

但是要注意的是必須要在假處分聲請狀內先行載明準備提供的擔保金種類為何，而且經過法院的假處分裁定核可，法院提存所才會接受該種類的擔保金；如果定存單的時間到期了，而訴訟尚未結束時，可以另外向法院聲請「更換擔保金的裁定」。

七、假處分執行費用的計算方式

一般強制執行的費用是以系爭標的金額的千分之八作為計算方式，如果說系爭標的金額是一億元的話，那麼要繳給法院的執行費用就是八十萬；但是因為假處分強制執行在法律上認為是一種「行為或不行為」，例如案例三是「業主不能作提示付款的行為」，因此有可能法院會接受以三千元當作執行費用。

但是要注意的是：筆者作第一次假處分強制執行時台北地院的收狀處究應繳交多少執行金額有所爭議，後來向其求情「因為假處分有時效性，而且沒帶這麼多現金，可不可以先繳三千元並收狀，如果書記官認為需要補繳，我們再來補繳。」結果也沒通知補繳；第二次以後就未再發生爭議，不知道地院是否達成統一見解。

假處分執行費用究應如何計算對律師事務所較沒有那麼重要，因為所有的費用都是跟當事人另行收取；但是如果站在工程公司法務人員的立場，多幫公司爭取少交一文，也就是賺到一文了。

八、如何與履約保證銀行攜手對抗業主

　　履約保證銀行在以假處分對抗業主時絕對是站在關鍵性的角色，在案例一、二時如果履保行根本就無視你正在聲請假處分，直接在第二天就撥付款項，無論你有多厲害的本事，也不可能在一天辦完前面提及的假處分程序。

　　所以成敗的關鍵就是銀行支持的態度，比如說案例一中銀行很明確的告訴我們我們最多只能幫你們拖到禮拜五，如果禮拜五看不到法院的執行命令，那麼就對不起了，我們只能照程序走。

1-2 通知暫勿撥付款項函

○○股份有限公司　　書函

連絡地址：231○○市○○路○號○樓
承辦人及電話：○○○　（02）8919-XXXX

受 文 者：○○銀行股份有限公司○○分公司

發文日期：中華民國 97 年○月○日
發文字號：　字第　　號
速別：
密等及解密條件：
附件：

主　　旨：請　貴公司先行照會法務部門及暫勿撥付履約保證
　　　　　金款項乙事，請　查照。

說　　明：

一、○○公司總務室 9 X.○.○以總務供字第○○號函通
　　知貴公司略謂：將依貴公司 9 X.○.○簽發之履約保
　　證金連帶保證書（編號 OOO-XXX）沒收本公司之
　　履約保證金乙事。

二、經查前開保證書第二條明訂「……一經○○公司書
　　面通知本行後」，但前開函文並非係○○公司名義
　　發文，故其<u>並非合法有效之書面通知</u>，如　貴公司
　　逕行撥付導致本公司權益受損，恐傷及貴我商誼，
　　<u>請先行照會貴公司法務部門。</u>

三、本公司與○○公司履約爭議除已向行政院公共工程
　　委員會申請調處外；本公司將向○○地方法院聲請
　　假處分及提存至法院，請求法院許可　貴公司暫勿
　　撥付履約保證金。

正本：○○國際商業銀行股份有限公司○○分公司
副本：

　　　　　　　　　　　　　　　　　～公司條戳～

1-3 聲請假處分

狀　別：民事聲請狀
訴訟標的金額或價額：新台幣　　○○元整

聲　請　人：○○股份有限公司
　　　　　　設 11670 台北市○○路○號○樓
法定代理人：○○○
　　　　　　住　同上
送達代收人：○○○　　　電話：8919-XXXX
　　　　　　住　同上
相　對　人：○○國際商業銀行股份有限公司○○分公司
　　　　　　設台北市○○路○號
法定代理人：○○○
　　　　　　住　同上

為聲請裁定假處分事：
　　請求之標的並其數量
　　請准聲請人以現金或上海商業銀行可轉讓定期存單供擔保
後，准許相對人○○國際商業銀行股份有限公司○○分公司免
予依編號（CHG-XXX）履約保證金連帶保證書規定撥付○○元
款項予○○○。

請求之原因及事實
一、爰聲請人承攬「（招標案號 133-XX）○○資訊服務」採購
　　案，前開採購案件現因履約爭議，正向行政院公共工程委

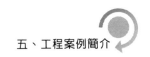

員會爭議調處中（聲證一、聲證二），合先敘明。

二、相對人為擔保前開契約之履行開立履約保證金連帶保證書（編號 CHG-XX）（聲證三），詎料〇〇〇於 97.10.14 以總務供字第 0970002XX 號函（聲證四）通知相對人，略謂：將沒收聲請人之履約保證金，請相對人將該款項撥付〇〇〇云云。

按前開工程履約爭議尚在行政院公共工程委員會爭議調處中，系爭履約保證金確有必要定暫時狀態，定暫時狀態之必要者准用假處分之規定，民事訴訟法第五三八條訂有明文，民事訴訟法第五三五條規定「假處分所必要之方法，由法院酌量定之」。爰依民事訴訟法第五三二條及五三三條之規定，願供擔保，以代釋明，狀請

鈞院鑒核，賜准裁定如聲請意旨，以保權益。

證　　據

證一：行政院公共工程委員會開會通知影本乙份

證二：行政院公共工程委員會影本乙份。

證三：履約保證金連帶保證書（編號 CHG-XX）影本乙份。

證四：〇〇總務供字第 0970002XX 號函影本乙份。

　　此　致

台灣台北地方法院　民事庭　　　　　　公鑒

中　華　民　國　〇　年　〇　月　〇　日

　　　　　　具　狀　人：〇〇股份有限公司
　　　　　　法定代理人：〇〇〇

1-4 假處分裁定

臺灣○○地方法院民事裁定

○年度裁全字第○○號

聲　請　人
即 債 權 人　　○○股份有限公司
　　　　　　　設台北市○○路○號○樓
法定代理人　　○　　○　　○　　　住同上
相　對　人
即 債 務 人　　○○銀行股份有限公司○○分公司
　　　　　　　設台北市○○路○段○號
法定代理人　　○○○　　住　　同上
　　　上列當事人間聲請假處分事件，本院裁定如下：
主　文
　　　債權人提供擔保金新台幣○○元或同面額之上海商業銀行可轉讓定期存單後，准許債務人○○銀行股份有限公司○○分公司免依編號○○－ＸＸ履約保證金連帶保證書規定撥付新台幣○○元款項予第三人○○公司。
　　　聲請程序費用由債務人負擔。
理　由
一、按債權人就金錢請求以外之請求，因請求標的之現狀變更，有日後不能強制執行或甚難強制執行之虞，欲保全強制執行者，得聲請假處分。又按於爭執之法律關係，為防止發生重大之損害或避免急迫之危險或有其他相類之恃形而有必要時，得聲請為定暫時狀態之處分。除別有規定外，

關於假處分之規定，於定暫時狀態之處分準用之。民事訴訟法第 532 條、第 538 條第 1 項、第 538 條之 4 分別定有明文。

二、債權人主張：聲請人即債權人向第三人即定作人○○公司承攬「○○系統委託資訊服務」採購案，由相對人即債務人○○銀行股份有限公司○○分公司開立履約保證金連帶保證書予第三人，以供為履約擔保，而前開採購案現因履約爭議，於行政院公共工程委員會爭議調處中。詎料，第三人○○於民國 97 年 10 月 14 日以總物供字第 0970002XXX 號通知相對人前開採購案因聲請人未履行契約義務，依該採購契約書條款第 8 條第（十七）、（十八）項及第 17 條第（一）項第 5、11 款之規定終止契約，聲請人所繳納之履約保證金新台幣○○元應予沒收，該款項應撥付第三人銀行等語。前開工程履約爭議尚在行政院公共工程委員護爭議調處中，係爭履約保證金確有「必要定暫時狀態，並願供擔保以代釋明，請裁定如請求事項之處分，經核與上開規定相符，爰酌定擔保金額准令。

三、依刑事訴訟法第 538 條之 4、第 535 條、第 533 條、第 536 條第 2 項、第 95 條、第 7 條，裁定如主文。

中　華　民　國　　　○　年　　　　○　月　　　　○　日

一民事庭法官　　○○○

以上正本

如對本裁定不服　　　於送達後 10 日內向本院提出此告狀

中　華　民　國　　　○　年　　　　○　月　　　　○　日

1-5 通知已假處分函

○○股份有限公司　　書函

連絡地址：231○○市○○路○號○樓
承辦人及電話：○○○　(02)8919-XXXX

受 文 者：○○銀行股份有限公司○○分公司

發文日期：中華民國○年○月○日
發文字號：　字第　　　號
速別：
密等及解密條件：
附件：如文

主　　旨：請　貴公司依法免撥付履約保證金予○○銀行，特
　　　　　此通知，請　查照。

說　　明：

一、本公司向○○地方法院請求法院許可　貴公司免依
編號○○○-XXX 履約保證金連帶保證書規定撥付
新台幣○○元履約保證金予第三人○○公司，業蒙○
○地院核發○年度裁全字第○號民事裁定（附件一）。

二、本公司業已辦妥提存手續及聲請假處分強制執行
（附件二），待法院正式通知後請　貴公司依法免
撥付履約保證金款項。

正本：○○銀行股份有限公司○○分公司
副本：○○公司

～公司條戳～

1-6 假處分執行

狀　　　別：民事假處分執行聲請狀

聲　請　人：○○股份有限公司　　統一編號：1402XXXX
　　　　　　設 11670 台北市文山區○○路○號○樓
法定代理人：○○○
　　　　　　住　同上
送達代收人：○○○　　電話：8919-XXXX
　　　　　　住　同上

相　對　人：○○國際商業銀行股份有限公司○○分公司
　　　　　　設台北市○○路○段○號
法定代理人：○○○
　　　　　　住同上

為聲請實施假處分執行事：

執行之標的物
　　准許相對人○○國際商業銀行股份有限公司○○分公司免
予依編號（CHG-XXX）履約保證金連帶保證書規定撥付○○元
款項予○○○。

聲請之理由
　　爰聲請人承攬「（招標案號 133-095-XXX）○○委託資訊

服務」採購案，前開採購案件現因履約爭議，正向行政院公共
工程委員會爭議調處中。

　　詎料○○○於 97.10.14 以總務供字第 09700029741 號函通
知相對人，略謂：將沒收聲請人之履約保證金，請相對人依履
約保證金連帶保證書（編號 CHG-XXX）將該款項撥付○○○。

　　按前開工程履約爭議尚在行政院公共工程委員會爭議調處
中，係爭履約保證金確有必要定暫時狀態，業經聲請　鈞院裁
定准予假處分在案（台灣台北地方法院 97 年度裁全字第○號裁
定），除已供擔保外，爰檢附假處分裁定正本、收據正本各乙
份，依強制執行第四條第一項第二款規定，狀請
鈞院實施假處分執行，以資保全，以保權益。

證　　據
證一：假處分裁定影本乙份。
證二：提存書及收據正本乙份。

　　此　致
台灣台北地方法院　民事執行處　　　　　　公鑒

中　華　民　國　　九 十 七 年　　十 月　　二 十 二 日

　　　　　　　　具　狀　人：○○股份有限公司
　　　　　　　　法定代理人：○○○

1-7 假處分執行命令

臺灣○○地方法院執行命令

地　　址：○○市○○路○號
傳　　真：○○○○－××××
承 辦 人：○股
聯絡方式：○○○○－××××

受 文 者：○○股份有限公司

發文字號：中華民國○年○月○日
發文字號：○院執全字第○○號
速別：
密等及解密條件或解密期限：
附件：

主　　旨：台端應於本命令送達日起，依照台灣○○地方法院
　　　　　○年裁全字第○○號民事裁定主文所載：「債務人
　　　　　○○銀行股份有限公司○○分公司免依編號○○－
　　　　　ＸＸ履約保證金連帶保證書規定撥付新台幣○○元
　　　　　款項予第三人○○公司」履行，如不履行，本院得
　　　　　拘提、管收或處怠金。

說　　明：

　　　　　一、本院受理○年度執全字第○○號假扣押強制執行事
　　　　　件，債務人應依主旨所載內容履行，如不履行，本院
　　　　　得依強制執行法第 128 條規定拘提、管收或處怠金。

正本：債務人：　　○○銀行股份有限公司○○分公司
　　　　　　　　　設址：
法定代理人：　　○○○　　　住址：
第 三 人：　　○○公司
　　　　　　　　　設址：
法定代理人：　　○○○　　　住址：
　　　　　　　　　副本：債權人：○○股份有限公司　設址：
法定代理人：　　○○○　　　住址：

〜法官章戳〜

1-8 撤回假處分

狀　　　別：民事聲請狀

案　　　號：○年度執全字第○○號

股　　　別：○　股

聲　請　人　○○股份有限公司

　　　　　　設台北市○○路○號○樓

法定代理人　○○○　住同上

相　對　人　○○銀行股份有限公司○○分公司

　　　　　　設台北市○○路○段○號

法定代理人　○○○　住同上

為聲請撤回假處分執行事：

　　緣聲請人與相對人○○銀行股份有限公司○○分公司間聲請假處分強制執行乙事，業蒙　鈞院以○年度執全字第○○號強制執行在案，現因聲請人與相對人間已達成協議，假處分強制執行已無必要，特狀請

　　鈞院撤回前開假處分強制執行，俾維權益，實感法便。

　　此　致

台灣○○地方法院　民事執行處　　　　　公鑒

中　華　民　國　　　○　年　　　○　月　　　○　日

　　　　　　　　　　具　狀　人：○○股份有限公司

　　　　　　　　　　法定代理人：○○○

2. 工程 AMC 案例

2-1 工程業 AMC 案例

營建業 AMC 案例

筆者最近看到一個營造業類似 AMC 的案例，就是有個債務人是營造業者大約三年前經營不善，剩餘的有價值資產是二筆位於不同法院轄區的工程保固款債權，我們將二工程保固款債權分配收取完畢後，原本以為其餘債權回收無望建議將其打銷呆帳，突然在幾個月後收到由其他公司具名之函文，略謂：該公司意欲以二百萬與該營建業者之債權人達成和解，先函詢債權人和解意願。

筆者原先看到此函大惑不解，經請教業內人士方始瞭解：原來營建業投標時很注重工程實績，如果以重新成立公司的方式固然可以節省費用，但是要累積工程實績再去承攬工程可能又要很久以後了，且出面函詢本公司意願的公司名片背面即載明其營業項目之一為「甲、乙、丙級營造公司股權買賣」，因此該公司應該是負責幫營建業出面跟債權人協調的白手套，有點類似 AMC 的角色。

而實際操作程序應該是：該公司先跟營建業者達成協議，然後照法院分配表的債權人發函詢問，如果同意的達到一定程度比例以上（其實會同意的比例應該很大，因為違約已經超過

213

三年，而且也查不到剩餘資產可供追索），就個別與債權人相
約至公證人處做成公證文書並交付和解金。

2-2 AMC 詢問函

○○股份有限公司　　函

地址：○○市○○路○號○樓
電話：（02）8919-××××
專案聯絡人：○○○
行動電話：0936-×××-×××

受 文 者：○○股份有限公司

發文日期：中華民國 99 年○月○日

發文字號：　字第　　號

附件：調查表1份

主　　旨：有關債務人○○營造股份有限公司剩餘債權處分方案調查。

說　　明：

一、本案○年執字第○○○號強制執行分配後，○○營造查已停業多時，並得知該公司無力繼續經營。

二、經債權人洽商○○營造，擬以該公司殘值處置後，將款項作為參與「○○工程案」協力廠商最後之和解金，並經○○營造同意此出售方案。

三、本公司評估後，願以新台幣○○元承購○○營造公司，本案協力廠商依○年執字第○○○號強制執行分配比例分配之。

四、貴公司○○股份有限公司佔○年執字第○○○○號之比例為○○%，可獲和解金為 $ ○○元。

五、隨函覆回函信封及意見調查表，敬請　貴公司於○月○日前回函寄達，以利後續彙整。

此　致　　各廠商

～公司章戳～

2-3 意見調查表

意見調查表

□同意本案和解

□不同意和解

調查回函公司：＿＿＿＿＿＿＿＿（請自行填寫）

本函敬請於〇月〇日前回覆之。

2-4 和解簽

〇〇股份有限公司

簽呈　〇年〇月〇日　　　　　承辦人及電話：〇〇〇／××××

　　　於　管理部　　　　　　　附件：如文

主　　旨：為承商〇〇營造（股）公司提議和解乙事，請　核示。

說　　明：

一、法務針對「〇〇工程」下包〇〇營造（股）公司進
　　行追索乙事，第一次受償 NT＄〇〇，第二次受償
　　NT＄〇〇，已回收金額占債權額 NT＄〇〇之××
　　％，合先敘明。

二、頃接〇〇〇事業有限公司函文（附件）略謂：願以
　　NT＄〇〇與本公司達成和解。

三、基於 1.本案違約已久繼續追索不易，2.本案已打銷呆
　　帳，如能和解將可列入他項收入，3.如不同意和解，
　　本公司亦無可繼續追索空間。建請勉予同意。

擬辦：奉核後，即用印同意本案和解。

2-5　AMC 和解函

○○股份有限公司　　函

地址：○○市○○路○號○樓
電話：（02）8919-××××
專案聯絡人：○○○
行動電話：0936-×××-×××

受 文 者：○○股份有限公司

發文日期：中華民國 99 年○月○日

發文字號：　字第　　號

主　　旨：有關債務人○○營造股份有限公司和解方案。

說　　明：

一、依本公司○年○月○日所發調查函，經查全數債權
人同意該和解方案。

二、茲將和解之需備文件列於下：（公證時均需正本到場）

1.債權憑證。

2.公司營利事業登記證。

3.公司大小章。

4.公司變更事項登記卡。

5.代理人身份證及印章。

6.授權書乙份。

7.貴公司尚應退還○○營造（票號：××○○○○、
金額○○元）支票壹張。

三、備妥上述文件並授權書用妥印鑑後，請逕以電話聯絡，以
便安排公證時間、地點，本公司並備妥貴公司和解金（＄
○○元）之台支本票進行和解公證。

～公司章戳～

2-6 和解協議書

和解協議書

立和解書人 {債權人：○○股份有限公司 　　（以下簡稱甲方）

債務人：○○營造股份有限公司（以下簡稱乙方）

茲就乙方清償甲方剩餘債權事（詳債權憑證所載），經甲、乙雙方協議訂定本和解書之各條款如下：

第一條：本和解書係為債權人○○股份有限公司對債務人之所有債權，茲附憑證如後（○○地方法院○年執字第○○○號），強制執行分配之剩餘債權乙事，甲乙雙方誠心達成和解。

第二條：訂立本協議書時，乙方應支付新台幣○○元給甲方，甲方應將前乙方所開（票號：××○○○○、金額○○元）支票乙張歸還乙方。

第三條：雙方履行前條後，甲方同意拋棄對乙方剩餘之全部請求權，並不得持前開執行法院發給之債權憑證再對乙方聲請強制執行或其他訴訟上或訴訟外之請求。

第四條：本和解協議書壹式三份，甲、乙方和公證人各持一份為憑。

第五條：本和解契約自雙方簽名或蓋章，並經公證後發生效力。公證所生之一切費用悉由乙方負擔。

第六條： 本協議書所生之爭議，雙方約定由臺灣○○地方法院
　　　　 管轄。
第七條： 本和解協議書之未盡事宜，應依中華民國法律和誠實
　　　　 信用原則解決。
第八條： 其他特約事項：無。

本和解書經雙方確認無誤後簽名或蓋章。

　　　　　　　　　　　　甲　　方：○○股份有限公司
　　　　　　　　　　　　負 責 人：
　　　　　　　　　　　　統一編號：
　　　　　　　　　　　　公司地址：

　　　　　　　　　　　　乙　　方：○○股份有限公司
　　　　　　　　　　　　負 責 人：
　　　　　　　　　　　　統一編號：
　　　　　　　　　　　　公司地址：

中 華 民 國　　　　　年　　　　月　　　　日

3. 扣押工程款項的利器
——附條件扣押案例簡介

附條件扣押案例說明

本案是針對某營造公司承攬第三人工程之保固金進行強制執行，原本法院針對該保固金債權核發扣押命令，但第三人具狀聲明異議，理由略為「尚在保固期間內，故無法遵造扣押命令執行。」法院即以第三人異議為由命本公司提起訴訟否即撤銷執行命令。

本公司以「第三人並非否認保固款債權存在，僅係保固期間尚未屆至。」另具狀聲請法院改核發附條件扣押命令，後來法院亦同意本公司聲請改核發附條件扣押令，載明「如該工程竣工驗收，債務人有債權存在，仍應予以扣押，並向本院支付。」

後與第三人之工地主任電聯得知該工程業已保固期滿，本公司迅即發文提醒第三人請其應依法繳納保固工程款，第三人亦回函表示：正辦理保固金定存單實行質權程序中，俟領回保固保證金後即繳付法院。

一、第一次聲請強制執行聲請狀
聲請之事項

聲請人原對債務人財產聲請強制執行無結果，經士林地方法院核發債權憑證結案，上載明「俟發現債務人有可供執行之

財產時，得提出本憑證，聲請再予強制執行」，現發現債務人
於第三人〇〇市政府〇〇處有保固金 750,000 元尚未領取（〇.
〇.〇期滿），及第三人〇〇醫院有保固金 4,168,600 元尚未領取
（〇.〇.〇期滿），該部分請 鈞院囑託士林地方法院為執行，
爰依強制執行法第一百一十五條第三項規定聲請 鈞院核發附
條件扣押令，於條件成就時准許債權人扣押收取（如例稿所
示），以維權益，至感法便。

二、法院核發第一次扣押命令

主　　旨：禁止債務人〇〇營造股份有限公司在說明一所示範
　　　　　圍內收取對第三人〇〇市政府〇〇處之保固金債權
　　　　　或為其他處分，第三人亦不得對債務人清償，請 查
　　　　　照。（如無可供執行之債權，亦請覆知本院俾便結
　　　　　案，執行扣押存款金額扣除手續費等不足貳佰元則
　　　　　毋庸執行扣押）。

三、第三人〇〇市政府〇〇處回覆法院之覆函

　　一、本處奉接 鈞院之執行命令，查債務人〇〇營造股份
　　　　有限公司承攬第三人（以下簡稱本處）有一項工程（〇
　　　　〇工程），經查業已完工驗收，相關工程款均已給付
　　　　該公司，目前雖有保固金留存本處，依契約規定於工
　　　　程保固期限內如發生瑕疵，通知逾期不辦理維護改善
　　　　者，本處得動用該保固金辦理維護，故該債權本處無
　　　　法遵行扣押命令。

二、綜上述之情形，特爰依強制執行法第依百十九條第一
　　項規定，向鈞處提出聲明異議。

四、法院通知第三人異議函

主　　旨：茲據第三人○○市政府○○處對債務人○○營造股
　　　　　份有限公司之保固金債權聲明異議，台端如認為不
　　　　　實時，得向管轄法院提起訴訟，並向本處為起訴之
　　　　　聲明。

五、再次聲請核發附條件扣押令狀

　　　　　　為聲請核發附條件扣押命令事：

　　緣聲請人與債務人間清償票款強制案件業經　鈞院以97年
執○字第×××××號受理在案，原聲請人針對債務人於第三
人○○市○○處有保固金債權 750,000 元聲請執行（97.04.14 期
滿），頃接　鈞院函轉第三人聲明異議狀乙份，經查前開聲明
異議狀並非否認保固款債權存在，僅係因保固期間尚未屆至故
無從遵造　鈞院指示扣押。

　　爰依強制執行法第一百一十五條第三項規定聲請　鈞院核
發附條件扣押令，於條件成就時准許債權人扣押收取，以維權
益，至感法便。

六、法院核發附條件扣押命令

主　　旨：債務人○○營造股份有限公司對第三人○○市政府
　　　　　○○處之保固金債權，於條件成就得收取時，禁止

債務人對第三人收取或為其他處分，第三人亦不得
對債務人清償，第三人應將該款項向本院支付（屆
期請開立受款人為臺灣○○地方法院），請　查照。

說　　明：本院前於○年○月○日○院執字第○○號執行命令
扣押債務人對第三人之保固金債權，第三人具狀稱
該工程尚在保固期間內，無法確定有無債權云云，
故原執行命令應予撤銷。本院改發附條件扣押命
令，如該工程竣工驗收時，債務人有債權存在，仍
應予以扣押，並向本院支付。

七、函請第三人依法支付保固款項函

主　　旨：請依法將○○股份有限公司保固工程款向法院支付
事，請　惠予配合。

說　　明：

一、本公司前經台北地院 97.04.18 核發 97 年執字第 14
×××號附條件扣押命令（附件），針對債務人○
○股份有限公司承攬　貴處○○工程之保固款債
權，請　貴處將保固結束後將款項向○○地院支付。

二、經電聯　貴處北區工務所○主任告知：前開工程已
於五月下旬保固結束，特函促請　貴處依法將保固
工程款向法院支付。

4. VS O 財團法人案例

4-1 VS O 財團法人案例說明

VS O 財團法人案例說明

　　本案係本公司承攬○○財團法人電腦程式開發案，因工程完工且保固期間結束已數年，但因該財團法人認為電腦程式有瑕疵，雖經多次協調並修補但拒不同意本公司領回保固金，因此該保固金始終掛在應收帳款帳上，而且因金額過小（僅五萬餘元）委任律師不合算，因此由本公司法務部門自行接手承辦。

　　首先我們採取的是以存證信函催告的方式，表示本公司將對採取法律行動，但該法人均未見回覆，然後我們就採行了發支付命令的方式督促其履行，第一個問題出現了：因為要確定有無合法送達，法院會要求聲請人抄錄相對人及法定代理人的登記資料，公司的登記資料經常抄錄，但是要如何抄錄財團法人的登記資料？經過了多方查詢才赫然發覺財團法人登記的主管機關竟然就是法院，要檢附法院的查址函及法人登記簿抄錄申請書向法院登記處聲請。

　　這時我們收到了法院轉給相對人的聲明異議狀，但是這個狀紙有個很明顯的瑕疵，那就是雖然狀頭聲明異議人是○財團法人但是在具狀人欄位僅蓋立經辦人章戳，原本我們評估這樣的異議應該以程序不符直接駁回，但是法院卻以命當事人補正

的方式續行訴訟。

　　本案件我們主述的理由主要有二點：第一，○財團法人主張該案並未完成全部驗收而僅係部分驗收；我們主張依工程慣例，部分驗收即給付部分工程款，而本案業主（即○財團法人）卻一次給付全部尾款，顯無部分驗收問題。第二、本公司保固期滿後多次發文催請該法人給付工程款，而該法人均未見答覆；該法人抗辯說經辦人員均有以 E-mail 溝通，但又無法提出本公司人員確有收受該 E-mail 的證明。

　　後來一審判決本公司勝訴，經過協調對方放棄上訴，我方也以拋棄對其追索利息的方式，對方將該保固金匯入本公司帳戶結案。

4-2 催告返還保固金存函

郵 局 存 證 信 函 用 紙

副正本		郵 局 存證信函第 號	一、寄件人	姓名：○○股份有限公司 負責人：○○○ ㊞
				詳細地址：新店市民權路○號○樓
			二、收件人	姓名：財團法人○○中心
				詳細地址：104台北市○○路○號○樓
			副 本 三、收件人	姓名：
				詳細地址：
				（本欄姓名、地址不敷填寫時，請另紙聯記）

格 行	1	2	3	4	5	6	7	8	9	10	11	12	13	14	15	16	17	18	19	20
一	敬	啓	者	：																
二			本	公	司	承	攬		貴	中	心	「	○	○	○	○	處	理	控	管系
三	統	開	發	」	案	保	固	期	業	已	於	95	年	5	月	屆	滿	，	本	公
四	司	曾	多	次	促	請		貴	中	心	依	約	返	還	保	固	金	，	且	於
五	保	固	期	屆	至	後	爲	維	貴	我	商	誼	仍	積	極	配	合	修	正	部
六	分	系	統	功	能	，	詎	料	前	開	修	正	於	97.06.25	完	成	並
七	經	貴	中	心	承	辦	人	員	驗	收	簽	認	，	但	貴	心	中	迄	今	仍
八	未	退	還	保	固	金	。	現	以	此	函	催	告	貴	中	心	限	於	函	到
九	十	日	內	返	還	保	固	金	，	否	即	依	法	訴	追	，	敬	祈	自	重，
十	以	免	訟	累	。															

本存證信函共 頁，正本 份，存證費 元，
　　　　　　 副本 份，存證費 元，
　　　　　　 附件 張，存證費 元，
　　　　　　 加具副本 份，存證費 元，合計 元。

經 　郵局 年 月 日證明正副本內容完全相同	郵戳	經辦員 主管 ㊞

黏　　　　貼

郵 票 或
郵 資 券

處

備 註

一、存證信函需送交郵局辦理證明手續後始有效，自交寄之日起由郵局保存之
　　副本，於三年期滿後銷燬之。
二、在 頁 行第 格下 塗改 增刪 字 如有修改應填註本欄並蓋用 寄件人印章、但塗改增刪 每頁至多不得逾二十字 ㊞
三、每件一式三份，用不脫色筆或打字機複寫，或書寫後複印、影印，每格限
　　書一字，色澤明顯、字跡端正。

騎縫郵戳　　　　　　　騎縫郵戳

227

社會科學類　PF0097

催收達人の私房書 V
——工程業常用文書 143 例及案件簡介

作　　者 / 呂元璋
責任編輯 / 鄭伊庭
圖文排版 / 郭雅雯
封面設計 / 陳佩蓉

發 行 人 / 宋政坤
法律顧問 / 毛國樑　律師
出版發行 / 秀威資訊科技股份有限公司
　　　　　114 台北市內湖區瑞光路 76 巷 65 號 1 樓
　　　　　電話：+886-2-2796-3638　傳真：+886-2-2796-1377
　　　　　http://www.showwe.com.tw
劃撥帳號 / 19563868　戶名：秀威資訊科技股份有限公司
　　　　　讀者服務信箱：service@showwe.com.tw
展售門市 / 國家書店（松江門市）
　　　　　104 台北市中山區松江路 209 號 1 樓
　　　　　電話：+886-2-2518-0207　傳真：+886-2-2518-0778
網路訂購 / 秀威網路書店：http://www.bodbooks.com.tw
　　　　　國家網路書店：http://www.govbooks.com.tw

2013 年 6 月 BOD 一版
定價：280 元

國家圖書館出版品預行編目

催收達人の私房書. V, 工程業常用文書143例及案件簡介 /
　呂元璋著. -- 一版. -- 臺北市：秀威資訊科技, 2013.06
　　面；　　公分. -- (社會科學類)
　BOD 版
　ISBN 978-986-326-122-3(平裝)

　1.信用管理　2.司法文書

563.1　　　　　　　　　　　　　　　　102009675

讀 者 回 函 卡

感謝您購買本書,為提升服務品質,請填妥以下資料,將讀者回函卡直接寄回或傳真本公司,收到您的寶貴意見後,我們會收藏記錄及檢討,謝謝!如您需要了解本公司最新出版書目、購書優惠或企劃活動,歡迎您上網查詢或下載相關資料:http:// www.showwe.com.tw

您購買的書名:_____

出生日期:_____年_____月_____日

學歷:□高中 (含) 以下　　□大專　　□研究所 (含) 以上

職業:□製造業　□金融業　□資訊業　□軍警　□傳播業　□自由業

　　　□服務業　□公務員　□教職　　□學生　□家管　　□其它_____

購書地點:□網路書店　□實體書店　□書展　□郵購　□贈閱　□其他

您從何得知本書的消息?

　　□網路書店　□實體書店　□網路搜尋　□電子報　□書訊　□雜誌

　　□傳播媒體　□親友推薦　□網站推薦　□部落格　□其他_____

您對本書的評價:(請填代號　1.非常滿意　2.滿意　3.尚可　4.再改進)

　　封面設計_____　版面編排_____　內容_____　文／譯筆_____　價格_____

讀完書後您覺得:

　　□很有收穫　□有收穫　□收穫不多　□沒收穫

對我們的建議:_____

_____

_____

_____

11466
台北市內湖區瑞光路 76 巷 65 號 1 樓
秀威資訊科技股份有限公司　　　收
BOD 數位出版事業部

· ·

（請沿線對折寄回，謝謝！）

姓　　名：＿＿＿＿＿＿＿＿＿＿　年齡：＿＿＿＿＿　性別：□女　□男

郵遞區號：□□□□□

地　　址：＿＿＿＿＿＿＿＿＿＿＿＿＿＿＿＿＿＿＿＿＿＿＿＿＿＿＿

聯絡電話：(日) ＿＿＿＿＿＿＿＿＿＿＿　(夜) ＿＿＿＿＿＿＿＿＿＿＿

E-mail：＿＿＿＿＿＿＿＿＿＿＿＿＿＿＿＿＿＿＿＿＿＿＿＿＿＿＿